전도, 최고의 사랑

전도, 최고의 사랑

한의사가 전하는 쉬운 복음과 오영리 전도법

ⓒ 임철성, 2024

초판 1쇄 발행 2024년 1월 26일

지은이   임철성
펴낸이   임철성
편집   좋은땅 편집팀
펴낸곳   하늘소망 출판사
전화   010-6225-3131
이메일   dekay@hanmail.net

ISBN   979-11-986337-0-5 (03230)

전도, 최고의 사랑

한의사가 전하는 쉬운 복음과 오영리 전도법

임철성 지음

하늘소망

유기성 목사
(위드지저스 미니스트리 이사장)

영혼을 향한 간절함

저자인 임철성 집사는 한의사이면서 사람의 영적, 정신적 문제에 관심이 많은 성도입니다. 목사의 아들이었지만, 하나님의 존재가 믿어지지 않아 오랜 시간 교회를 떠나 있었습니다. 그러다가 하나님의 은혜로 인격적으로 하나님을 만나 회심하였습니다. 그 후 영혼 구원을 향한 간절함이 그에게 임하였습니다. 자신의 고통스러웠던 영적 방황이 사명이 된 것입니다. 저자가 한의사가 된 것도 전도를 위한 것이었습니다. 한의사로서 세상의 유혹이 많았을 텐데도 한결같이 하나님께서 허락하신 비전을 붙잡고 환자를 대할 때마다 늘 전도로 마무리하는 의사입니다.

제가 이 책 원고를 읽는 기간이 바쁜 해외 일정 중이었습니다. 그런 중에 틈틈이 원고를 읽으면서 깜짝 놀랐습니다. 한 사람, 한 사람의 영혼을 사랑하여 전도하는 그의 마음이 너무나 귀하였습니다. 뿐만 아니라 성경을 늘 연구하고 깊이 묵상하지 않는 사람이라면 쓸 수 없는 책이었습니다. 그리고 그가 주님과 동행하는 사람임을 알 수 있었습니다.

이 책은 일반적인 전도의 책이 아닙니다. 전도 현장에서 가장 많이 듣는 불신자들의 질문에 대한 답변입니다. 그래서인지 책 내용이 유익하고 잘 읽어지며 이해가 쉬워 성도들에게도 은혜가 될 것입니다.

전도하고 싶지만 만나기 어려운 사람에게 이 책을 건네주며 한 번 읽어 보라고 권하기만 해도 훌륭한 전도가 될 수 있습니다. 만날 수 있어도 말로 전도할 자신이 없는 사람에게도 적극 추천하고 싶습니다. 이 책을 사서 건네주기만 해 보세요. 부모, 형제와 친한 친구에게 전도하고 싶지만 무슨 말을 어떻게 해야 할지 모르는 성도들의 안타까운 고민을 많이 들었습니다. 이 책이 큰 도움이 될 것입니다.

그러나 이 책은 단지 전도를 위한 책만은 아닙니다. 진화론이나 차별금지법 등 심각하면서도 접근하기 어려운 신앙의 질문들에 대하여 해박하고 정확한 답변을 얻게 될 것입니다. 특히 그런 질문을 하는 청소년이나 청년들에게 이 책을 추천해 주고 싶습니다.

나는 목사의 아들이지만 하나님의 존재가 믿어지지 않아 고등학교 졸업 후 교회를 떠났다가 어떤 일을 계기로 20대 후반에 하나님을 만나 회심하였다. 회심 후 하나님께서 원하시는 것은 모든 사람이 구원을 얻는 것이니 성도는 복음을 전하는 것에 인생의 목적을 두고 살아야 함을 알게 되었고, 그럼 나는 어떻게 복음을 전할 수 있을까 고민하던 중에 아픈 사람을 치료하며 전도하면 좋겠다는 마음이 들어 한의대에 입학하였다.

회심 후 그렇게 20년 가까이 전도 현장에서 들었던 질문들을 모아 책으로 펴내게 되었다.

하지만 책을 쓴 이유는 그동안 전도를 잘했다고 쓴 것이 아니다. 앞으로 잘하고 싶어서다. '코로나19'라는 전에 없던 전염병을 만나 보니 사람을 만나야 전도를 할 텐데, '사람을 만나는 것이 두려울 때도 있구나!'라는 것을 뼈저리게 경험했기 때문이다.

성경에 기록된 마지막 때의 징조들이 모두 나타난다고 생각되는 지금, 만약 코로나19 같은 전염병이 다시 온다면 환자들에게 어떻게 전도할까 고민하다 전염병이 퍼지면 서로 얼굴을 보며 전도할 수는 없지만, 책과 전자책으로는 얼마든지 전도할 수 있겠다는 생각이 들어 책을 쓰기 시작하였다.

더불어 부모, 형제와 친한 친구에게 전도하고 싶지만 무슨 말을 어떻게 꺼내야 할지 모르는 성도에게도 도움이 되었으면 하는 소망을 갖고 있다.

책을 읽고 전도하다가 전도 대상자에게 책에 실린 질문과 비슷한 질문을 받는다면 대답할 것을 미리 생각해 볼 수 있는 좋은 기회가 될 것이다. 기독교와 복음을 향한 사람들의 생각과 질문은 대체로 비슷하기 때문이다. 성경도 우리가 가진 소망을 언제나 답변할 수 있게 준비해 놓으라고 말씀하신다.

여러분이 가진 희망**을 설명하여 주기를 바라는 사람에게는,** 언제나 답변**할 수 있게** 준비**를 해 두십시오. 벧 3:15**

부디 성도들이 내가 겪었던 시행착오를 겪지 않고 좋은 전도자가 되어서 여러분을 통해 하나님께서 영혼들을 많이 얻으시길 소망한다. 할렐루야(하나님만 찬양합니다)!

2023년 5월 1일

목차

1부
사랑하는 사람에게 주는 최고의 선물, 복음

2부

전도 현장에서 듣는 그 외의 질문들

사랑하는 사람에게
주는 최고의 선물,
복음

가족을 전도하려는 성도에게 드리는 말씀

지금은 마지막 때의 모든 징조가 보이는 시대

2019년 11월, 갑자기 시작된 코로나19 대유행은 많은 사람을 힘들게 만들었다. 많은 분이 생업의 기반을 잃었고 또 허망하게 목숨을 잃으셨다.

코로나19가 유행하면서 요양병원들에서 감염 환자가 급증하자, 내가 병원장으로 있던 요양병원도 2년 넘게 어려움을 겪다가 결국에는 문을 닫아야 했다. 그 과정에서 경영 악화로 인한 스트레스로 갑자기 터널이나 엘리베이터에서 숨이 쉬어지지 않는 공황 증상을 겪기도 했다. 그러나 그 시간들을 지나면서 머리를 떠나지 않는 성경 말씀 한 구절이 있었는데, 그것은 누가복음 21장에 기록된 마지막 종말의 때에 있을 '전염병'에 관한 말씀이었다.

또 이르시되 민족이 민족을, 나라가 나라를 대적하여 일어나겠고 곳곳에 큰 지진과 기근과 전염병이 있겠고 또 무서운 일과 하늘로 부터 큰 징조들이 있으리라. 눅 21:10~11

1992년 휴거(= 예수님의 재림과 마지막 종말)가 일어난다며 물의를 일으켰던 다미 선교회 같은 이단도 있었지만, 사실 성경(마 24:36)에 예수님께서 다시 오시는 마지막 때는 정확히 언제인지 알 수 없다고 되어 있다.

다만 마지막에 나타날 여러 가지 징조들에 대해서는 기록하였는데, 방금 읽은 말씀처럼 곳곳에 전쟁과 지진과 기근과 전염병과 무서운 일과 하늘의 징조가 있을 것이라고 하셨다.

그동안 나는 미디어를 통해 수많은 전쟁과 지진과 기근과 무서운 사건들의 뉴스를 보면서도 직접 겪지 않으니 마지막 때에 대해 깊이 생각하며 살지 않았었다. 하지만 이번 전염병(코로나19)을 겪으면서 그 생각이 바뀌게 되었다.

코로나19 전에는 누구도 전염병 하나에 우리가 이처럼 오랜 시간 어려움을 겪으리라고 예상하지 못했을 것이다. 어리석은 인간은 몸으로 겪어야 깨달을 때가 많은 듯하다. 특별히 코로나19는 방역을 빌미로 일상의 삶뿐 아니라 교회에 모여 예배드리는 신앙 생활이 금지당했다는 점에서 기존 전염병과 달리 영적으로 마지막 때와 깊은 관련이 있다고 생각한다.

예배 모임이 금지된 3년간 믿음이 약한 사람들은 대거 교회를 떠났고, 특히 다음 세대 교회를 책임져야 할 청년과 아이들이 많은 교회에서 사라졌다고 한다. 믿지 말라고 핍박한 것도 아니고, 모이지 말라고만 했을 뿐인데 말이다.

더불어 코로나19가 유행하며 여러 교회에서 감염이 발생했다는 뉴스가 연일 보도되면서 기사 댓글에는 교회를 욕하는 글들이 가득 채워졌었다. 하지만 사람들이 다닥다닥 붙어 있는 밀폐된 지하철에서는 한 건의 감염 사례도 들어본 적이 없다. 뭔가 이상하지 않은가?

큰일이 터지면 탓할 대상을 찾는 것이 사람들의 심리지만, 정권과 언론이 나서서 대중의 불안과 분노를 표출할 대상으로 교회를 탓하는 선례를 남겼다는 점에서 유감스럽게 생각한다.

돌아보면 2002년 사스부터 2009년 신종플루, 2012년 메르스, 2019년 코로나19까지 최근 들어 전염병은 이상하리만치 자주 생겨나고 있고, 성경의 예언처럼 앞으로 계속 보게 될지도 모르겠다. 그리고 그것을 빌미로 교회와 신앙을 통제하는 상황을 다시 보게 될 수도 있을 것이다. 뭐든 처음이 어렵지, 다음은 어렵지 않은 법이다.

2022년 소말리아는 기근으로 약 770만 명이 아사 위기에 처했다고 하고, 2011년의 동일본 대지진과 2023년 튀르키예-시리아 대지진, 그리고 2022년 유럽 한복판에서 벌어진 러시아-우크라이나 전쟁처럼 앞으로도 우리는 기근과 지진 그리고 전쟁도 계속 보게 될 것이다. 어쩌면 성경에 예언된 마지막 때의 징조들은 이미 우리 곁에 와 있었지만, 정작 우리가 인식하지 못하고 살았던 것은 아닐까 싶다.

징조들을 미리 보여 주시는 하나님의 사랑

하나님께서 우리에게 전염병과 전쟁 같은 마지막 때의 징조들을 계속 보여 주시는 까닭은 무엇일까? 그것은 사랑 때문이다. 불신자와 교회는 다니지만 제대로 믿지 않는 사람 모두에게 돌이킬 기회를 주시는 것이다.

성경에 재림과 마지막 때에 대해 정확히 언제라고 기록된 것이 없으니 마지막 때에 믿음을 지킨 성도는 환란을 겪지 않고 휴거 (携擧, 공중으로 들려 올라감) 된다는 '환란 전 휴거'의 견해도 있고, 믿음이 있든 없든 마지막 때에는 모두 환란을 통과해야 한다는 '환란 후 휴거'의 견해도 있다.

이뿐 아니라 7년 대환란의 전 3년 반 동안은 가벼운 환란이 있고 이후 휴거가 일어나며, 나머지 후 3년 반 동안 대환란이 있다는 '환란 중 휴거'의 견해도 있다. 모두 성경 말씀에 근거를 둔 것들이니 어느 것이 맞는지는 잘 모르겠다.

중요한 것은 마지막 때가 언제 어떻게 올지 모르지만, 마지막 때는 반드시 올 것이라는 사실이다.

그때 환란을 겪지 않고 휴거 된다면 정말 기쁠 것이다. 그렇다고 마음을 놓을 것도 아니다. 만에 하나 믿음을 지킨 성도도 마지막 때에는 환난을 겪어야 한다면 어떻게 할 것인가? 그때 짐승의 표를 받지 않으면 매매(賣買)를 못 하게 하여 굶어 죽게 하거나 예수 믿으면 죽인다고 하면 과연 나는 순교할 수 있을까?

누구든지 이 표를 가진 자 외에는 매매를 못하게 하니 **이 표는 곧 짐승의 이름이나 그 이름의 수라.** 계 13:17

죽음이 두렵지 않은 사람이 어디 있겠는가? 실제 마귀는 죽음의 두려움을 이용하여 사람들을 종처럼 부리고 있다. 하지만 "**그도 또한 같은 모양으로 혈과 육을 함께 지니심은** 죽음을 통하여 죽음의 세력을 잡은 자 곧 마귀를 멸하시며 **또 죽기를 무서워하므로 한평생 매여 종 노릇 하는 모든 자들을 놓아 주려 하심이니**"라는 히브리서(2:14~15) 말씀처럼 예수님은 당신의 죽음으로 마귀의 사망 권세를 멸하고 죽음의 두려움 때문에 종 노릇하는 우리를 해방시켜 주셨다. 할렐루야.

또한 "**사랑 안에 두려움이 없고 온전한 사랑이 두려움을 내쫓나니.**"라는 요한일서(4:18) 말씀처럼 마지막 때에 환란을 겪더라도 우리를 사랑하시는 하나님께서 마지막까지 우리를 보호하실 것을 믿기에, 성도는 두려움이 아니라 평안할 수 있으며 설령 그리 아니하셔도 육신은 죽지만 영혼은 영원한 천국에 들어가는 것이 믿어지는데 무엇이 두렵겠는가? 짐 진 것 같은 육신의 허물을 벗고 거기서 사랑하는 예수님을 만날 수 있는데 어찌 기뻐하지 않을 수 있겠는가?

이렇듯 말씀 안에서 보니 마지막 때와 예수님의 재림, 그리고 죽음은 성도에게 두려움의 대상이 아니라 오히려 믿음과 소망(기쁨)의 대상임이 분명하다.

하지만 교회를 다니면서도 마지막 때와 예수님의 재림을 향한 내 반응이 "아멘 주 예수여 오시옵소서."라는 고백이 아니라 두려움이라면 돌이킬 기회를 주시는 것이고, 하나님을 믿지 않는 불신자에게도 구원 얻을 시간을 주고 계신다고 생각한다.

주변 사람에게 알리고 전해야 할 때

회심 후 지난 20년 가까이 지인과 환자들에게 복음을 전하면서 다양한 반응을 만났었다. 감사하게도 예수님을 영접하는 분도 계셨고, 이해는 되지만 믿고 싶지 않다고 거부하시는 분도 계셨다. 또 눈에 보이지 않는 걸 어떻게 믿느냐며 여러 가지 공격적인 질문으로 반박하는 분도 많았다.

그런 질문과 반박은 책을 쓰는 데 좋은 밑거름이 되었지만, 하나님을 오해하는 질문들이라 안타까운 마음을 갖고 있었다. 그래서 질문에 대한 대답을 성경에서 찾아 메모 형식으로 정리해 두기 시작했었다.

메모를 바탕으로 복음을 전하는 데 필요하다고 생각하는 5가지 챕터로 구성된 짧은 전도지를 만들어 전도할 때마다 사용하다가 이번에 지옥에 관한 내용을 보충하고 2부를 추가하여 책으로 내

놓게 되었다.

5가지 챕터로 된 전도지를 나는 사영리(四靈理) 전도지의 이름을 본떠 오영리(五靈理) 전도지라고 부른다. 사영리와 다른 점은 사영리에는 하나님의 사랑을 받아들이는 인간의 마음〈혼〉에 대한 설명이 없어 이 점을 보충하였다.

나는 이 책이 주변 사람, 특히 가족에게 전도하려는 성도에게 도움이 되면 좋겠다. 책을 읽고 오영리 전도지로 직접 복음을 전한다면 좋겠지만, 아직 용기가 없다면 "아버지 이대로 돌아가시면 천국에 못 가세요. 다행히 예수님께서 십자가에서 아버지(어머니)의 모든 죄를 대신 지고 구원해 주셨으니, 예수님 믿고 천국에서 꼭 다시 만나요."라고 짧게 전도하면서 **이 책 33페이지부터 96페이지까지**(1부 2번 전도의 실제, 오영리 전도) 읽어 보라고 페이지를 접어서 건네주면 아무런 자료 없이 전도하는 것보다는 분명 도움이 될 것이다. (전도의 실제는 필자가 환자에게 오영리 전도지로 전도하는 것을 마치 독자가 옆에서 보는 것처럼 구성하여 읽어만 봐도 마지막 영접 기도를 따라 할 수 있도록 하였다.)

또 다음 세대 아이들과 청소년들의 믿음을 튼튼히 하는 데도 도움이 됐으면 한다. 2023년 현재 우리나라 MZ세대 복음화율이 약

3%라고 한다. 이대로 가면 한국 교회의 선교지는 더 이상 해외가 아니라 다음 세대가 되어야 할지도 모르겠다.

내 아이가 구원의 확신이 분명하지 않다면 1부가 도움이 될 것이고, 하나님의 존재에 대한 확신이 없거나 진화론이나 이단 그리고 교회 내부의 문제와 모순 때문에 신앙이 흔들린다면 2부가 도움이 될 것이다.

그리고 언젠가 북한 땅이 열려 자유와 함께 복음이 들어갈 때가 온다면 이 책을 통해서도 복음이 전해지길 소망하며 기도한다.

사랑과 기도가 필요한 전도

하지만 복음을 전해도 가족과 지인이 예수님을 영접하지 않을 수 있다. 환자 중에도 그런 분이 많았다. 머리로 이해되는 것과 마음에서 믿어지는 것은 달라서이다.

어떤 것이 믿어지기 전에는 그에 대한 바른 이해가 필요한데 복음도 마찬가지이다. 복음을 바르게 이해하는 것은 예수님을 믿는 첫 시작이 되는 것이다. 그리고 이 책은 복음의 바른 이해에 도움이 될 것이다. 하지만 이는 시작일 뿐, 그것으로는 충분치 않다.

예수님을 믿기 위해서는 이해될 뿐 아니라 듣는 사람의 마음도 열려야 하기 때문이다.

그러므로 예수님도 우리의 착한 행동(사랑)을 통해 사람들의 마음을 열어 전도하라고 가르쳐 주셨다.

이같이 너희 빛을 사람 앞에 비치게 하여 그들로 너희 착한 행실을 보고 하늘에 계신 너희 아버지께 영광을 돌리게 하라. 마 5:16

전도는 예수님을 전하는 것인데, 우리 주변 불신자들은 예수님에 대해 모르거나 관심도 없는 경우가 많다. 그래서 그들은 내 모습을 통해 예수님을 간접적으로 만날 수밖에 없다. 그들 눈에 비친 평소 내 행실이 중요한 이유이다.

그러므로 어떤 면에서 가족이나 지인에게 전도하는 것은 전혀 모르는 사람에게 전도하는 것보다 더 어려운 일이다. 상대방이 평소 내 행실을 너무나 잘 알기 때문이다.

어느 여집사님이 술만 먹으면 주사를 부리는 남편이 술을 끊고 교회 나가게 해 달라고 수십 년간 기도했다고 한다. 하지만 교회는커녕 술주정은 날이 갈수록 심해졌고 덩달아 부부 싸움도 심해졌다. 그러던 중 목사님 설교를 통해 믿지 않는 남편을 곁에 두신 것은 내 행실을 통해 그를 구원하기 위한 하나님의 뜻이라는 것을 알게 되었다.

'남편이 교회 나가게 해 달라고 오랫동안 기도했지만, 실제는 주사 부리는 남편 때문에 힘든 나를 위해서 그랬던 것이지 예수님을 모르고 죽어 가는 남편이 불쌍해서 그랬던 것은 아니구나.'라는 것을 깨닫고 많이 울면서 회개했다고 한다.

며칠 후 남편이 여느 날처럼 술을 먹고 늦게 들어와서는 밥을 차려 달라고 해서 차려 줬더니, 남편은 뭐가 마음에 안 드는지 갑자기 화를 내며 밥상을 엎어 버렸다. 평소 같았으면 같이 소리를 지르며 화를 냈겠지만, 이제는 남편을 곁에 두신 하나님의 뜻을 알기에 조용히 상을 다시 차려 줬다고 한다. 놀라운 것은 수십 년간 전도해도 듣지 않던 남편이 변화된 아내의 행동을 본 그다음 날 이제 교회에 나가겠노라고 했다는 간증을 들은 적이 있다.

이처럼 복음을 전하려면 상대가 무시하면 낮아져야 한다. 때로는 억울해도 손해를 봐야 할 때도 있다. 실은 전도가 먼저가 아니라 사랑으로 관계가 회복되는 것이 먼저이다. 사랑만이 닫혀 있는 그 사람의 마음을 열 수 있기 때문이다.

또한 예수님은 마태복음(12:29)에서 **"사람이 먼저** 강한 자를 결**박하지 않고야 어떻게 그 강한 자의 집에 들어가 그 세간을 늑탈하겠느냐 결박한 후에야 그 집을 늑탈하리라"**라고 말씀하면서 한 영혼을 구원하기 위해서는 먼저 그를 붙잡고 있는 마귀를 결박하고 쫓아내야 한다고 가르쳐 주셨다.

마귀를 결박하고 쫓아내는 능력(성령 충만)은 오직 기도로만 가능하기에 전도하기 위해서 성도는 기도해야 한다.

마가복음(9:28~29)에 보면 어떤 이 안에 들어간 귀신을 제자들은 쫓아내지 못하고 예수님께서 쫓아내시자 제자들이 어째서 자기들은 귀신을 쫓아내지 못했는지 묻는다. 이에 예수님은 **"기도 외에 다른 것으로는 이런 종류가 나갈 수 없느니라."**라고 말씀하신다. 그렇다. 영적 존재인 마귀와 귀신은 오직 기도로만 쫓아낼 수 있다.

기도하고 전도하러 가면 마귀는 내가 무서워서(실은 내 안에 계신 성령님이 무서워서) 멀리 도망간다. 그러면 그 사람과 성령 충만한 나만 남게 되고, 그 상태에서 복음을 전하면 그는 복음을 쉽게 받아들인다. 그러나 기도하지 않으면 아무리 화려한 말로 복음을 전해도 마귀는 그 안에 웅크리고 앉아서 "거짓말이니 믿지 마."라고 속삭이며 전도를 방해한다. 눈에 보이지 않지만, 이것이 영적 현실이다. 그러므로 전도자는 마귀의 일을 분별하고 기도로 준비해야 한다. (마귀가 하는 일에 대해서는 2부에서 자세히 다루었다.)

어떤 이는 '기도한다고 그 사람이 변할까?'라는 생각을 할 수도 있다. 그러나 기도하면 반드시 변화가 일어난다.

성경에 나타난 하나님의 일하시는 방법은 언제나 하나님께서 먼저 뜻을 정하시고(하나님의 뜻은 모든 사람이 구원을 얻는 것이다.) 그 뜻을 우리에게 알게 하시고, 우리가 하나님의 뜻에 순종하여 기도할 때 하나님의 뜻이 이루어지는 것을 본다. 그러므로 마음을 드려 간절히 기도하지 않는 것이 문제이지, 기도한다면 하나님은 반드시 역사하셔서 그를 변화시키신다.

이처럼 복음을 전하는 데는 먼저 사랑으로 마음을 열고 기도로 마귀를 묶고 상황에 따라 지혜롭게 입을 열어 전하는 단계적인 과정이 필요하다.

내 경험으로는 전도 대상자가 고난을 만나 굳은 마음이 부드러워졌을 때 복음을 전하는 것이 효과적이라 생각한다. 동네에서 한의원을 할 때도 복음을 전했지만, 그때는 반응이 시큰둥할 때가 많았다. 하지만 암 환자에게 전도해 보니 항상 그런 건 아니지만 훨씬 더 열린 마음으로 받아들이는 것을 경험한다. 고난으로 듣는 사람 마음이 낮아지고 간절해졌기 때문일 것이다.

그러므로 전도 대상자가 경제적으로 어려울 때, 병들어 입원했을 때, 집안에 우환이 있을 때, 심지어 교도소에 갇혀서 어려울 때가 전도할 좋은 기회이니 이때 더욱 기도하고 찾아가 위로하면서 복음을 전하면 좋겠다.

전도를 방해하는 마귀의 공격

전도를 거꾸로 읽으면 도전이 되듯 영혼 구원을 막기 위해 마귀는 전도하는 성도를 집중적으로 공격하는데 특별히 마음을 공격한다.

나를 봐도 규칙적인 기도와 말씀으로 충만할 때는 전도하고 싶고 전도가 쉬워진다. 그러나 성령 충만하지 않을 때는 전도하고 싶은 마음부터 사라진다.

그러므로 전도를 막기 위해 마귀는 항상 우리 마음을 메마르게 만든다. 기도하고 말씀 보고 싶은 마음을 빼앗고 그를 불쌍히 여기고 사랑하는 마음을 빼앗아 간다. 그러면서 '지금 내 문제도 급하고 산더미 같은데 전도는 다음에 하지 뭐.', '내 행실이 이 모양인 걸 저 사람도 아는데 전도한다고 되겠어?', '전도해서 거절당하면 괜히 관계만 서먹해지는 것 아닌가?' 같은 마음을 넣어서 단념하게 만든다.

전도가 하나님의 기쁨이 됨을 알지만, 많은 성도가 전도가 어렵다고 생각하는 이유는 마귀의 이런 공격을 받고 마음이 식어 버려서이다.

마귀의 공격을 물리치는 방법은 전도하려고 노력하는 것이 아니다. 다시 십자가 앞으로 나가는 것이다. 예수님의 십자가 보혈로 내가 받은 은혜가 무엇인지 다시 묵상하는 것이다. 그를 향한 사랑은 원래 내 안에 있는 것이 아니라, 주님께 받은 은혜에서 시작하기 때문이다. 그렇게 성령님께서 예수님의 은혜에 기쁘고 감사하는 마음을 다시 주시면 어찌 입을 열어 복음을 전하지 않을 수 있겠는가?

사실 우리는 자격이 있어서 전하는 것이 아니다. 모든 죄를 버리고 성화(聖化)되고서 전해야 한다면 죽을 때까지 전도할 수 있는 사람은 아무도 없을 것이다.

쉽지 않지만 "하나님은 당신을 사랑하십니다."라고 복음을 전하다 보면 갑자기 그를 사랑하시는 하나님의 마음이 내 안에서도 느껴져 왈칵 눈물이 날 때가 있고, 전하고 나면 찬양과 기쁨이 내 안에서 올라올 때도 많다. 성령님께서 기뻐하시기 때문이다. 무엇보다 전도한 사람이 예수님을 믿기 시작했을 때의 그 기쁨은 어떤 것과도 비교할 수 없다. 이것은 경험해 본 사람만 알 수 있는 비밀이다.

그렇게 전하다 보면 내 안에 구원의 확신과 천국 소망이 확실해지면서 내 믿음이 자라게 된다. 복음을 전하면서 사실 가장 수지 맞는 사람은 '나'인 것이다.

성도들이 전도를 어려워하는 또 다른 이유는 말을 잘해야 한다고 생각하거나 거절당할까 봐 두려워서인데, 말을 잘할 필요도, 거절당할까 염려할 필요도, 전했는데 받아들이지 않는다고 실망할 필요도 없다.

친구가 "너 예수 안 믿으면 지옥 가."라고 무식(?)하게 던진 말이 머리를 떠나지 않아 예수님을 영접했다는 사람도 있듯이, 화려한 말이 아닌 단순한 몇 마디로도 복음은 그 자체로 능력이 있다.

『고구마 전도왕』(규장, 2000)이란 책을 쓰신 김기동 목사님은 전도할 때 사람을 사람으로 보지 말고 고구마로 보라고 하셨다. 고구마를 삶을 때 익었는지 보기 위해 젓가락으로 찔러보는 것처럼, 전도할 때도 찔러 보고 안 들어가면 '아! 이 사람은 아직 덜 익었네.'라고 여기고 더 기도하면 된다.

전도의 최종 열매인 '영혼 구원'은 내가 아니라 성령님께서 하신다. 과거에 나도 전도에 정성을 쏟았음에도 대상자가 영접하지 않거나 교회에 나가지 않으면 낙심하거나 서운하게 느껴질 때가 있었다. 모두 내 힘으로 전도하려고 했기 때문이다. 내 힘으로 하려니 낙심하고 서운하며 힘든 것이었다.

그러나 이제는 복음을 듣고 상대가 교회에 나가지 않아도 안타깝지만, 서운하거나 낙심하지 않는다. 나는 단지 복음을 전하는 통로요 도구에 불과할 뿐, 영혼을 구원하시는 분은 오직 성령님이라는 사실을 깨닫기 때문이다.

내게 맡기신 가족만큼은

얼마 전 대기업에 다니는 교회 지역장님과 대화 중에 회사에서 사원들 간에 전도하는 것을 금지한다는 말을 듣고 적잖이 놀란

적이 있었다. 아마 2부에서 다룰 차별금지법(평등법)이 통과되면 복음을 듣지 않을 자유도 있다면서 회사나 학교뿐 아니라 길거리에서 전도하는 것도 금지될지도 모를 일이다. 그런 때가 온다면 추수가 다 끝난 후에 이삭줍기처럼, 가족이나 정말 친한 사람들 외에는 전도하는 것이 힘들어질지도 모르겠다.

마지막 때가 가까워지고 있다면 내 곁의 가족만큼은 구원해야 하지 않을까? 모든 인간관계가 소중하지만, 특별히 내게 맡기신 사랑하는 남편과 아내, 자녀와 부모 형제가 하나님을 모르고 지옥에 가야 한다면 어찌 애통함이 없겠는가? 나중에 그들이 지옥에서 그때 왜 내게 예수 믿으라고 강권하지 않았냐고 하면 어떻게 나만 혼자 천국에서 행복할 수 있겠는가?

조금 기도하고, 조금 희생하고, 조금 인내하고서 응답이 없다고 포기하지 말자. 하나님도 그 영혼을 얻지 못해 안타까워하시는데, 당신이 포기하면 누가 그에게 복음을 전할 수 있겠는가? 그는 복음을 전하라고 내게 가족이라는 이름으로 붙여 주신 지체이므로 그를 위해 기도하고 섬기며 전도하는 것은 하나님께서 내게 맡기신 평생의 사명이자 명령이다.

하지만 많은 사람이 이 명령의 엄중함을 모르고 그냥 살아간다.

이에 대해 하나님은 에스겔 33장 8절에서 **"가령 내가 악인에게 이르기를 악인아 너는 반드시 죽으리라 하였다 하자** 네가 **그 악인에게** 말로 경고**하여 그의 길에서 떠나게 하지 아니하면 그 악인은 자기 죄악으로 말미암아 죽으려니와** 내가 그의 피를 네 손에서 찾으리라.**"** 라고 말씀하신다.

  내 가족에게 침묵한 죄, 미루고 지체하며 말하지 않은 죄를 하나님은 내게서 찾겠다고 말씀하시는 것이다. 두려운 말씀이 아닐 수 없다. 그러나 이 사명을 부디 두려움이 아니라 사랑으로 감당할 수 있기를 소망한다. 사랑하는 사람에게 줄 수 있는 최고의 선물이 바로 복음이기 때문이다. 할렐루야!

전도의 실제(오영리 전도)

"천국과 지옥이 있나요? 죽으면 그냥 없어지는 것 아닌가요?"
"천국과 지옥이 있는 것은 죽어 봐야 아는 것 아닌가요?"
"조금 있다가 믿을게요."

죽음이 준비되셨나요?
죽음 이후 지옥과 천국이 있다는 것을 아십니까?

2020년 여름 50대 김미선(가명) 님이 입원하셨다. 3중 음성 유방암으로 수술, 항암, 방사선 치료를 모두 받았으나 결국 뼈와 피부로 전이되어 대학병원에서 더 이상 해 줄 것이 없다는 말을 들은 상태였다. 첫 입원 상담을 하는데, 불안한 표정으로 "원장님,

제가 살 수 있을까요?"라고 물으셨다.

뭐라 답을 드릴 수 없었다. 예후가 좋지 않은 암인데 발견이 늦어 치료 결과도 좋지 않았고, 무엇보다 오랜 항암치료로 몸이 쇠약해져 이미 악액질 증상(암으로 인한 전신 쇠약, 체중감소)이 보이는 것으로 보아 시간이 많이 남지 않은 듯 보였다.

하지만 생명의 주인은 하나님이심을 알기에 포기할 수도, 희망을 꺾을 수도 없었다. 요양병원에서 할 수 있는 치료들과 더불어 평소 암 환자에게 중요하다고 생각하는 생활 습관과 면역에 대해 설명드렸다.

"심려가 크실 텐데 뭐라 위로를 드려야 할지 모르겠습니다. 다만 생각해 보면 미선 님 몸에 생긴 혹이 이번 코로나19처럼 어느 날 갑자기, 하나의 원인 때문에 생긴 걸까요? 아니면 오랜 시간 나쁜 음식과 스트레스, 운동 부족이나 과로 등 여러 가지 잘못된 습관이 복합적 원인이 되어서 생긴 걸까요?"

잠시 생각하시더니 "후자가 아닐까요?"라고 하신다. "맞습니다. 전자라면 원인이 명확하니 수술, 항암, 방사선으로 보이는 혹만 제거하면 되겠지만, 후자라면 수술로 혹을 없애는 것도 필요하지만, 평생 잘못 길들여진 생활 습관을 바꾸는 것이 중요합니다. 암은 사실 대사질환(생활습관병)이니까요. 그래서 입원해 계시는 동안 치료와 더불어 퇴원 후 앞으로 무엇을 먹지 말아야 하고, 어떤 마음으로 살아야 하고, 어떻게 운동해서 면역력을 올릴 수 있는지 저와 함께 배우게 되실 겁니다."

"그리고 지금 많이 걱정되실 테지만, 대학병원에서 방법이 없다는 말을 듣고 절망과 불안 속에 포기하면, 몸도 마음을 따라 죽게 됩니다. 죽는다고 먼저 마음을 먹었으니까요. 반대로 상황은 어렵지만 그래도 희망이 있고, 살 수 있다고 긍정적으로 생각하고 수시로 소리 내어 선포하다 보면 몸도 마음을 따라서 살아납니다. 성경(야고보서 3장)은 우리 혀는 작은 것이지만 전신을 제어한다고 말씀하고 있고, 뇌신경학자들도 언어 중추신경이 다른 모든 신경을 지배하므로 긍정적인 마음과 말은 몸의 모든 신경을 살리고 뇌에서 엔도르핀 같은 호르몬을 분비하여 암을 치료한다고 말합니다. 실제로 병원에서 포기한 어느 말기 암 환자도 다 이해되지 않는 상황이지만 지금까지 살아온 것이 하나님의 은혜였으니 감사하다고 하루 만 번씩 외치라는 목사님의 말씀에 지푸라기라도 잡는 심정으로 순종했더니 마지막 검진에서 암세포가 사라졌다는 사례를 들은 적이 있습니다."라고 위로와 권면의 말씀을 드린다.

그러면서 "마음의 불안과 염려를 예수님께 맡기면 마음을 편히 하는 데 많은 도움이 되는데, 혹시 교회는 좀 다녀 보셨어요?"라고 여쭤보니 다녀 보지 않았다고 하신다.

"사람은 건강해도 아파도 모두 죄인이기에 언젠가는 죽을 수밖에 없어요. 안타까운 것은 죄를 해결하지 못하고 죽으면, 지옥에 갈 수밖에 없습니다. 다행히 예수님께서 십자가에서 미선 님의 모든 죄를 용서해 주셨으니 예수님을 믿고 천국에 가셨으면 좋겠습니다. 나중에 미선 님 마음에 좀 여유가 있을 때 성경 말씀을 가지고 다시 한번 복음을 전하고 싶은데, 혹시 시간을 좀 내주실 수 있으세요?"라고 여쭤본다.

그러자 "천국과 지옥이 있는지는 죽어 봐야 아는 것 아닌가요? 저는 사람이 죽으면 그냥 없어지는 것이지 천국과 지옥 같은 건 없다고 생각해요."라고 말씀하신다.

왜 그렇게 생각하는지 여쭤보니, 어느 날 친구가 사람이 죽으면 그냥 사라지는 거고 천국과 지옥도 가봐야 아는 거지 어떻게 미리 알 수 있냐고 하는 말을 듣고는 일리가 있어서 그렇게 믿기로 하셨다고 한다.

다음 날부터 병실에 들를 때마다 복음 전할 시간을 좀 달라고 부탁을 드렸지만, 같은 말씀을 하시며 계속 거절하셨다.

그 후 약 한 달 정도 우리 병원에 계시다가 끝내 상태가 좋아지지 않아서 호스피스 병원으로 옮기셨는데 거기서 돌아가셨다는 소식을 전해 들었을 때 천국과 지옥이 있는지는 죽어 봐야 아는 것 아니냐고 하시던 미선 님의 말씀이 귓가에 맴돌아 마음이 아팠다. 거절하셔도 더 강권하여 전해 볼 걸 하는 생각에 한동안 마음이 무거웠다.

복음을 전할 때 많은 분이 미선 님처럼 말씀하시는 것은 충분히 이해된다. 예수가 구원자라는 것도, 천국과 지옥이 있다는 것도 믿어지지 않는데 믿지 않으면 지옥에 갈 수밖에 없다고 하니 누가 좋아하겠는가?

하지만 천국과 지옥이 있는지는 몰라도 한 가지만은 분명하다. 사람은 언젠가는 죽는다는 사실 말이다.

평생 열심히 일해서 돈을 많이 모은 사람도, 공부를 많이 해서 높은 지위에 오른 사람도, 열심히 운동한 몸짱도 죽음을 피해 갈 수 없다. 시간의 문제일 뿐 이 글을 읽는 당신과 나 역시 언젠가

한 번은 죽음을 마주하게 될 것이다. 모든 사람은 죄로 인해 죽을 수밖에 없는 운명에 처해 있기 때문이다.

만약 당신이 암에 걸려 30일 시한부 판정을 받았다고 하면 지금 당신에게 가장 절박한 것은 돈이나 명예가 아닐 것이다. 죄를 용서받고 지옥에 가지 않는 것, 즉 죽음 이후를 준비하는 것일 것이다. 이것은 인생이 30년이 남았다고 해도 마찬가지인데, 사람들은 자기 삶이 많이 남았다고 여기면서 이 사실을 외면하고 살아간다.

성경은 사람들이 천국과 지옥을 믿든 믿지 않든, 죽음 이후에 심판이 있고 심판에 따라 지옥과 천국이 있다고 분명히 말씀하고 있다. 제아무리 대단한 사람도 죽으면 누구나 하나님 앞에 일대일로 서야 하고, 그 결과에 따라 지옥과 천국으로 가는 것이다.

한 번 죽는 것은 사람에게 정해진 것이요 그 후에는 심판이 있으리니. 히 9:27

몸은 죽여도 영혼은 능히 죽이지 못하는 자들을 두려워하지 말고 오직 몸과 영혼을 능히 지옥에 멸하실 수 있는 이를 두려워하라. 마 10:28

혹시 당신은 죽음과 죽음 이후의 문제를 해결하였는가?

죽음의 문제를 해결하지 못한 사람은 죽음이 무섭고 두려울 수밖에 없다. 인간이 가진 공포 중에 가장 큰 공포가 죽음에 대한 공포이기에 그렇다.

죽음이 두려운 이유는 죽음 자체의 공포도 있지만, 그보다 더 근원적인 이유는 죽은 후에 내게 무슨 일이 닥칠지 모르기 때문이다. 인간은 뭐든 알면 편안함을 느끼지만, 알지 못하면 두려움을 느끼는 존재인 것이다. 이처럼 죽음이 두려운데 해결책을 모르니 대부분은 죽음에 대해 깊이 생각하지 않고 살아갈 뿐이다. 그러나 죽음에 대해 미리 준비하지 못했는데 어느 날 갑자기 내 앞에 죽음이 닥친다면 그 두려움과 황망함을 어떻게 할 것인가?

반대로 예수를 믿고 죄 사함을 받아 죽음이 준비된 사람은 죽음이 더 이상 두렵지 않게 된다.

죽음은 없어지는 것이 아니라 옮겨 가는 것이고, 죽은 후에 끔찍한 지옥이 아니라 이 땅과 비교할 수 없이 좋은 천국이 기다리고 있음을 알기에 더 이상 죽음이 두려워 벌벌 떨지 않게 된다. 두려움이 아니라 오히려 소망 중에 죽을 수 있는 이유도 이 땅과 육체는 허상(虛像)이며, 영혼(靈魂)과 저 천국이 진짜이며 죽음은 허상을 벗고 진짜로 들어가는 과정에서 반드시 통과해야 하는 문(門)이라는 것을 깨달아서이다.

그러므로 성경도 죄 안에서 죽는 자가 아닌, 주 안에서 죽는 자는 복이 있다고 하신다. 영원한 천국이 그들의 것이기 때문이다.

또 내가 들으니 하늘에서 음성이 나서 이르되 기록하라 지금 이후로 주 안에서 죽는 자들은 복이 있도다 **하시매 성령이 이르시되 그러하다** 그들이 수고를 그치고 쉬리니 **이는 그들의 행한 일이 따름이라 하시더라. 계 14:13**

이렇듯 죽음은 미리 준비했느냐, 그렇지 못했느냐에 따라 둘로 나뉜다. 준비하지 못한 사람은 두려운 죽음을 당하며, 준비한 사람은 소망 중에 평안한 죽음을 맞이한다.

실제로 호스피스 병원에서 오래 근무하는 분들이 하는 말이 있는데, 예수를 믿는 사람들과 믿지 않는 사람들의 마지막 임종이 많이 다르다고 한다.

심한 통증으로 마약성 진통제를 투여 받고 정신이 없는 상태에서 돌아가시는 분들을 제외하면 대부분은 죽음을 앞둔 어느 찰나의 시점에 예수를 믿든, 믿지 않든 보이지 않는 어떤 영적인 존재를 본다고 한다. (이것은 섬망과 다르다.)

예수를 믿지 않던 분 중에는 무언가 어둠의 그림자가 자기를 데리러 왔다며 벌벌 떨거나 혹은 "저 까만 옷을 입은 사람을 쫓아달라."고 고함을 지르고 욕을 하면서 두려움에 몇 날을 몸부림치다가 돌아가시는 경우도 있다고 한다.

반면에 예수를 믿은 분들은 "천사가 나를 데리러 왔다, 밝은 빛이 보인다, 예수님이 보인다."라며 평안하게 죽음을 맞이하는데, 임종 후에 보면 편안한 얼굴로 웃으면서 돌아가시거나 얼굴에서 환한 빛이 나는 분도 있다고 한다.

장례지도사를 오래 하신 분들도 예수 믿고 죽은 사람과 그렇지 않은 사람의 시신 상태가 다르다고 한다. 예수 믿은 분들은 대게 편하게 임종하니 시신이 부드럽고, 믿지 않은 분들은 공포 때문에 용을 쓰다 보니 얼굴이 일그러지고, 팔, 다리도 뻣뻣하게 오그라져서 사후 강직이 심한 경우가 많다고 한다.

사람에게 사후 세계가 있고, 죽음은 끝이 아니라 영적인 세계로 옮겨 가는 것이라는 증거는 이처럼 각 사람의 마지막 때에 선명하게 드러난다고 생각한다.

임사체험으로 천국과 지옥을 보고 온 분들의 간증을 들어보면 천국은 너무나 좋은 곳이지만, 지옥만큼은 이구동성으로 '절대로' 가면 안 되는 곳이라고 말한다.

아이젠하워 대통령의 심장 주치의였던 모리스 롤링스 박사는 1991년 『사후의 세계』(Beyond Death's Door)라는 책을 출판하였는데, 책에는 다음과 같은 특별한 사건이 기록되어 있다.

어느 날 박사의 병원에 찰스라는 우체부가 입원했는데 갑자기 찰스에게 심장마비가 일어났다. 박사가 즉시 심폐소생술을 하자 그는 깨어났다가 의식을 잃기를 여러 차례 반복하였는데, 다시 살아날 때마다 찰스는 "제발 멈추지 마세요. 저는 지금 지옥에 있어요. 제발 나를 그 끔찍한 지옥에 다시 보내지 마세요!"라고 소리쳤다고 한다. 처음에 박사는 이를 대수롭지 않게 생각했으나 공포에 질린 그의 표정이 얼마나 절박했던지 곧 이것이 거짓이 아님을 알게 되었다.

이후 찰스가 다시 깨어났을 때 박사에게 "어떻게 하면 제가 지옥에 가지 않을 수 있죠?"라고 물었고, 박사는 어렸을 때 주일학교에서 잠깐 배운 대로 그에게 "하나님의 아들 예수님, 저를 이 지옥에서 구해 주소서. 만약 저를 살려 주신다면 평생 당신을 위해서 살겠습니다."라고 기도하게 하였고, 기도를 필사적으로 따라 한 찰스는 의학적으로 가망이 없던 상태에서 기적적으로 살아나게 되었다.

이 사건으로 충격을 받은 박사는 이것에 대해 더 연구하고 싶은 마음이 들었다. 전에 그는 죽음이란 자연적인 소멸이라고 믿었던 무신론자였지만, 이제는 죽음 이후에 무언가가 있다는 것을 찰스를 통해 직접 눈앞에서 보았기 때문이다.

객관적인 연구를 위해 박사는 먼저 이전에 죽음을 경험한 사람들의 경험담을 듣고 비교하였는데, 그 결과 여러 사례에서 동일한 체험을 하였음을 발견하고는 이것이 환각이나 거짓일 수 없다는 결론을 내린다.

다음으로 여러 종교의 경전들을 비교하였는데, 유대교의 탈무드, 이슬람의 코란, 힌두교의 브라만과 불교의 불경을 연구한 결과 성경이야말로 천국과 지옥을 보고 온 사람들의 경험과 가장 일치하는 묘사를 하고 있음을 알게 되고 이후 자신의 연구를 여러 권의 책으로 펴내게 된다.

찰스뿐 아니라 심폐소생술의 발달로 미국에서만 매해 죽은 사람의 약 5%가 되살아나며 그중에 약 10~15%는 천국과 지옥을 보고 온다고 한다.

그들이 보고 온 천국과 지옥은 사람마다 조금씩 다르지만, 공통적인 것은 죽으면 몸에서 영혼이 빠져나오고 영혼으로 죽어 있는 자기 몸을 보게 된다고 한다. 하지만 자기의 주검을 둘러싸고 가족들은 슬퍼하지만 자기는 전혀 슬프지 않고 그들과 의사소통을 할 수 없음을 깨닫는다고 한다. 그렇게 한 5분 정도 잠시 이 땅에 머물다가 어느 순간 터널 같은 곳으로 엄청난 속도로 빨려 들어간다고 한다. 긴 터널을 통해 새로운 차원으로 도착하면 더 이상 환할 수 없는 어떤 빛을 보게 되는데 그 빛을 보는 순간 내면에 충만함과 사랑이 가득 차오르는 것을 느끼게 된다고 한다.

다음은 빛 앞에 어두움이 드러나듯 그 빛 앞에 평생 자기가 살아온 삶이 파노라마처럼 드러나는데, 겉으로 드러난 죄뿐 아니라 마음속에 숨겨둔 은밀한 죄까지 드러나므로 너무 부끄럽고 두려워서 감히 그 앞에 나서지 못하게 된다고 한다. 그러나 예수님의 보혈로 죄가 사해진 성도는 그럼에도 불구하고 담대하게 빛 앞으로 나아가게 된다고 한다. 그리고 마지막으로 구원받은 여부에 따라 천국과 지옥을 보게 된다고 한다. (천국과 지옥을 동시에 보고 오는 경우도 있다.)

또 하나 천국과 지옥을 보고 온 사람들은 대부분 이전의 삶과 전혀 다른 삶을 살게 되는데, 대부분 죄 많은 삶을 청산하거나 재산을 처분하여 구제 사업을 하거나 목회자의 길을 걷게 된다고 한다. 그리고 그 변화는 천국을 보고 온 사람보다 지옥을 보고 온 사람들에서 더 많았다고 한다. 죽어 영혼의 세계와 지옥을 체험하고 왔으니 어떻게 삶이 변하지 않겠는가?

우리나라에도 천국과 지옥을 보고 온 분이 많은데, 그중에는 의사였다가 천국과 지옥을 보고는 의사를 그만두고 버려진 아이들을 돌보다가 목사가 되신 박보영 목사님이 계신다.

목사님은 평생 많은 설교를 했지만, 마지막으로 하나의 설교만 해야 한다면 지옥을 보고 온 설교를 하겠다고 말씀하신다. 그러면서 직접 목격한 지옥은 너무나 무서운 곳이기에 만약 우리가 정말로 지옥이 있다는 것을 안다면 이 땅에서 이렇게 살지는 않을 것이라고 말씀하셨다. 실제로 성경은 지옥에 대해 이렇게 묘사하고 있다.

거기(지옥)에서는 구더기도 죽지 않고 불도 꺼지지 아니하느니라.
막 9:48

　목사님이 간 지옥도 구덩이 안에 뱀들이 가득 차 있고, 살을 파고드는 20㎝ 정도 되는 벌레(구더기)들이 있었다고 한다. 거기에 빠지면 뱀들이 다가와 몸을 칭칭 감아 물어뜯고, 벌레들은 눈, 코, 입과 모든 구멍으로 들어가서 살을 파먹는다고 한다. 문제는 그 징그러운 느낌과 뜯기고 파먹히는 통증이 생생하게 느껴진다는 것이고, 더 큰 문제는 한 번의 고통과 죽음으로 끝나면 좋으련만, 죽지도 않고 같은 고통을 계속해서 받아야 한다는 것이다.

　불지옥에 빠진 사람도 활활 타오르는 뜨거운 불에 살이 타는 끔찍한 고통을 겪는다고 한다. 요리할 때 뜨거운 냄비에 살짝만 데여도 고통스러운데, 온몸이 타는 고통은 상상하기도 어렵다. 역시 한 번만 타서 없어지면 그나마 나을 텐데, 죽지 않고 영원히 살이 타는 고통을 받아야 한다. 영원(永遠)은 끝없는 시간이기 때문이다.

　단테의 『신곡』 중 지옥문 앞에는 이런 글귀가 있다고 한다. "지옥에 다다른 자여, 희망을 버려라. 영원히." 그렇다. 고통 자체도 무섭지만, 지옥에서 가장 무서운 것은 더 이상 희망이 없다는 것이다. 아무리 힘든 일도 끝이 있으면 견딜 수 있으나, 지옥은 기회가 다시 없어 절망이 무겁게 지배하는 곳이다. "이제 다시는 안 그럴게요."라고 아무리 울고 빌어도 소용이 없는 곳이다. 그래서 지옥만큼은 절대로 가면 안 되는 곳이다.

수학자이자 철학자였던 『팡세』의 저자 파스칼도 "만일 신이 존재하지 않는다면, 신을 믿어도 전혀 잃을 것이 없다. 그러나 만일 신이 존재한다면, 신을 믿지 않음으로써 당신은 모든 것을 잃게 된다."라는 말을 남겼다.

그의 말을 확률로 풀어보면 하나님을 믿든 믿지 않든, 모든 사람이 죽고 나서 생길 확률은 두 가지이다. 하나는 죽었는데 천국과 지옥이 있는 것이고, 하나는 천국과 지옥이 없는 것이다.

그러면 '예수 믿고 죽은 사람'의 확률은 천국과 지옥이 있다면 '천국에 가는 것'이고, 없다면 아무것도 아니다. 반면 '예수 믿지 않고 죽은 사람'의 확률도 천국과 지옥이 있다면 '지옥에 가는 것'이고, 없다면 아무것도 아닌 것이다. 이처럼 단순 확률로도 예수를 믿는 것이 믿지 않는 것보다 비교도 할 수 없이 낫다는 것을 알 수 있다.

당신은 죽음과 죽음 이후의 삶이 준비되어 있는가?

죽음과 지옥에 대해 장황하게 설명한 이유는 당신에게 겁을 주려는 것이 아니다. 죽음 이후에 벌어질 일에 대해 성경에 기록된 사실을 알려 주려는 것이다.

보통 구원이 무엇이냐고 물으면 천국에 가는 것이라고 답한다. 아주 틀린 말은 아니지만, 구원의 정확한 의미는 영원히 고통받을 지옥에서 건짐을 받는 것이다. 그러므로 지옥이 어떤 곳인 줄 정확히 알아야 지옥에서 건져주신 예수님의 은혜가 어떤 것인지 정확하게 깨닫게 된다.

무엇보다 지옥에 가지 않는 해결책이 있음을 알려 주려고 한다. 성경이 말씀하는 해결책은 당신이 어떤 죄를 지었든 "하나님. 당신을 떠나 제멋대로 살았던 저를 용서해 주세요."라고 하나님께 회개하며 돌아오는 것이다.

자식이 어떤 죄를 지어도 부모는 자식을 버리지 않듯이, 당신이 어떤 흉악한 죄를 지었더라도 회개하고 돌이키면 하나님은 당신을 용서하고 받아 주신다. 그러니 늦었다고 생각하지 말고 하나님께 돌아오라.

만일 우리가 우리 죄를 자백하면 그는 미쁘시고 의로우사 우리 죄

를 사하시며 **우리를 모든 불의에서** 깨끗하게 **하실 것이요.** 요일
1:9

    환자들에게 전도하다 보면 "조금 있다가 믿을게요."라고 하면서
완곡하게 거절하는 분들이 많다. 하지만 유한한 인간이 10분 후,
한 시간 후의 일을 어떻게 알겠는가? 사람은 내일을 소망하나 내
일을 장담하지 못한다. 내일은 우리 시간이 아니기 때문이다. 그
러므로 기회는 우리에게 항상 있지 않다. 오늘 이 책을 읽는 이 순
간이 복음을 들을 수 있는 마지막 기회일 수도 있는 것이다.

    세상에는 두 가지 종말이 있다. 예수님의 다시 오심(재림), 즉
세상의 종말과 개인의 종말(죽음)이다. 그러므로 예수님이 재림
하시거나, 내가 죽으면 다시 기회는 없다. 사람은 누구나 죽기에
죽음을 맞이하는 순간 '아, 나도 이제 이렇게 죽는구나.'라고 생각
하게 되겠지만, 그 순간 정신을 차리면 너무나 늦다.

    앞서 환자의 말처럼 죽어 봐야 안다는 말은 맞는 말이다. 그렇
다. 죽으면 영원한 지옥과 천국이 있다는 것을 알게 될 것이다.
그러나 그때 깨달으면 너무 늦다. 죽음 이후의 세상은 죽을 때 준
비하는 것이 아니라 아직 살아서 기회가 있을 때 준비해야 하는
것이기 때문이다.

"눈에 보이지 않는 영혼(靈魂)이 정말로 존재하나요?"
"이유 없이 불안하고 항상 염려가 많아요."
"삶이 공허하고 외로워 가끔 자살을 생각합니다."

| 영, 혼, 몸의 비밀

2022년 9월 장인께서 향년 76세로 하늘나라로 돌아가셨다. 인간이 영혼을 가진 존재이며 사후 세계가 있다는 것은 가까운 사람의 죽음을 볼 때 가장 선명하게 드러나는 것 같다.

사람들은 수없이 장례식장에 다녀와도 고인과 친하지 않거나 시신을 직접 보지 않으면 그 죽음이 나와는 상관없는 것처럼 여기며 살아간다. 하지만 부모님처럼 가까운 사람의 죽음을 본다면 느낌이 다를 수밖에 없다.

어제까지 대화를 나누던 아버지가 돌아가셔서 오늘은 싸늘한 주검만 남겨졌을 때, '아버지의 몸에서 나간 영혼은 어디로 갔을까? 그러면 나는 죽어서 어디로 갈 것인가?' 같은 생각을 하게 된다.

나도 입관예배 때 관 속에 누워 계신 장인의 창백한 얼굴과 두 손을 만져 보며 '영혼이 빠져나간 후 남겨진 육신은 아무것도 아니구나. 죽으면 돈도, 명예도, 가족도 남겨 두고 정말로 빈손으로 돌아가는구나.'라는 생각을 하게 되었다.

육신과 이 땅의 삶이 의미 없다는 뜻이 아니다. 하루하루의 삶은 소중하다. 하루가 쌓여서 평생이 되고 영원을 결정하기에 중요하다. 하지만 죽음 이후의 영원한 삶을 준비하지 않고 당장 눈에 보이는 세상 것들만 추구하며 산다면, 설령 바라는 것을 얻어도 죽으면 아무것도 가지고 가지 못하기에 허무할 뿐이다.

장례 후 아내와 이런 이야기를 나누다가 아내도 아버지가 천국에 가셨다는 것이 믿어졌다고 한다. 그러면서 '천국이 있다면 언젠가 나도 그곳에 가겠구나. 다음은 내 차례겠구나.'라는 마음이 들면서 평소 깊이 생각해 보지 않았던 영혼(靈魂)과 천국에 관한 생각을 아버지의 장례를 통해서 새롭게 하게 되었다고 고백하는 것을 듣게 되었다.

그렇다. 하나님은 모든 사람에게 적어도 평생 한 번은 부모나 가까운 이의 죽음을 통해 사람은 결국 죽는다는 것을 생생한 동영상 시뮬레이션으로 보여 주신다. 이를 통해 이 세상과 육체가 덧없는 허상임을 알게 하시고, 보이지 않지만 존재하는 영혼(靈魂)과 천국에 대해 생각해 보고 하나님을 찾을 기회를 주고 계신다.

그럼에도 불구하고 전도하다 보면 "눈에 보이지 않는 영혼(靈魂)이 정말로 존재하는가?"라는 질문을 가진 환자들을 자주 만난다. 그러나 성경은 하나님께서 사람을 눈에 보이는 육체뿐 아니라 보이지 않는 영혼을 가진 존재로 창조하셨다고 분명히 말씀하신다.

평강의 하나님이 친히 너희를 온전히 거룩하게 하시고 또 너희의 온 영과 혼과 몸이 우리 주 예수 그리스도께서 강림하실 때에 흠 없게 보전되기를 원하노라. 살전 5:23

성경 말씀대로 사람을 이해하기 쉽게 그려 보면 사람은 마치 텅 빈 자루와 같다고 할 수 있다. 밖에는 눈에 보이는 몸이 있고, 몸 안에는 보이지 않는 영혼이 들어 있기 때문이다.

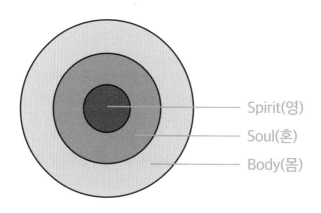

Spirit(영)
Soul(혼)
Body(몸)

몸은 육체(body)이며 영혼을 담은 자루이다. 하나님은 우리 몸에 생존을 위해 필요한 본능인 먹고 마시고, 호흡하고, 배설하는 기능을 주셔서 이 땅에서 살도록 해 주셨다.

혼(魂, soul)은 인간의 지(智, 생각), 정(情, 감정, 마음), 의(意, 의지, 소원, 꿈, 욕망)를 의미하는데 지, 정, 의가 오래되어 형성된 각 사람의 독특한 성격(인격)도 혼에 속하고 이 혼을 자아(自我)라고 부르기도 한다. 요즘 유행하는 MBTI도 각 사람의 자아 즉 성격 유형을 검사하는 방법 가운데 하나이다.

엄밀히 말하면 혼(지, 정, 의)은 뇌의 작용인데, 뇌 신경과 엔도르핀, 도파민 같은 호르몬의 복합 반응이다. 현대 과학은 뇌에 대해서 많은 것을 밝혀냈는데 가장 바깥의 대뇌피질은 생각하고 기억하며 말하는 것을 담당하고, 그 안의 변연계는 희로애락(喜怒哀樂)의 마음과 감정을 담당한다.

동물에게도 혼이 있다. 개가 주인을 보면 반갑게 꼬리를 치고, 소가 도살장에 끌려갈 때 슬퍼서 눈물을 흘리는 것은 모두 생각과 마음, 의지가 있어서이다. 그러나 동물과 사람의 가장 큰 차이는 동물은 영(靈)을 갖고 있지 않다는 점이다.

세상의 과학과 심리학으로는 몸과 뇌(혼)의 수준까지만 알 수 있다. 과학으로는 보이지 않는 영과 하나님에 대해서 알 수 없다. 그럼에도 과학으로 모든 것을 알 수 있고 영과 하나님이 없다고 주장하는 것은 사람들의 교만과 어리석음일 뿐이다. 그러므로 성경은 하나님이 없다고 말하는 사람을 가리켜 어리석은 자라고 말씀하신다.

어리석은 자는 **그의 마음에 이르기를** 하나님이 없다 하는도다 **그들은 부패하고 그 행실이 가증하니 선을 행하는 자가 없도다.** 시 14:1

영(靈, spirit)은 하나님께서 영으로 계시고 우리에게도 나눠주신 것으로, 천사도 가지고 있고 2부에서 자세히 다룰 마귀도 영으로 존재한다.

성경에 기록된 영(靈)이란 단어의 히브리어 원문은 호흡, 바람, 생기, 성령이란 의미를 갖는 '루아흐(ㅠㅠ)'라는 단어이다. 하나님께서는 지구의 모든 만물은 "생겨나라."라는 말씀으로 창조하셨지만, 오직 사람만은 흙을 뭉쳐 몸을 만드시고 그 코에 하나님의 호흡과 생기 즉 하나님의 영을 불어넣어서 하나님의 형상대로 창조하셨다.

여호와 하나님이 땅의 흙**으로 사람을 지으시고** 생기(生氣)**를 그 코에 불어넣으시니 사람이** 생령(生靈)**이 되니라.** 창 2:7

하나님이 자기 형상 곧 하나님의 형상대로 사람을 창조**하시되 남자와 여자를 창조하시고.** 창 1:27

인간의 몸과 혼도 중요하지만, 사실 인간이 의미 있는 이유는 하나님께서 나눠 주신 이 영 때문이다. 영으로 인해 하나님은 우리를 가리켜 "너는 내 아들(자녀)이라. 내가 너를 낳았도다."라고 말씀하신다.

내가 여호와의 명령을 전하노라 여호와께서 내게 이르시되 너는

내 아들이라 **오늘** 내가 너를 낳았도다. **시 2:7**

성령이 친히 우리의 영과 더불어 우리가 하나님의 자녀인 것을 증
언하시나니. **롬 8:16**

영은 몇 가지 특징이 있는데 첫 번째는 소멸하지 않고 영원히
산다는 것이다. 사람이 죽으면 흙에서 온 육체는 썩어 흙으로 돌
아가지만, 영(혼)은 소멸하지 않고 영(혼)을 나눠 주신 하나님께
돌아가서 영원히 존재한다.

동기상구(同氣相求)라는 말이 있다. 물이 물과 뭉쳐서 하나가
되는 것처럼 같은 기운을 가진 것끼리는 서로 구하고 찾으며 하
나가 된다는 뜻이다.

사람이 나이가 들수록 자연이 좋은 이유도 몸이 자연(흙)에서
왔으니 자연으로 돌아가려는 것이다. 이처럼 영(靈)도 하나님으
로부터 왔으니 같은 기운인 하나님을 찾게 된다.

이상하게 인간은 물질 너머의 세상에 대한 자기도 모르는 그리
움을 갖고 있다. 오래된 유적 가운데 종교 유적이 많은 것처럼,
이것은 인간의 오랜 본능이다.

우리 영혼의 깊은 곳에 뭔가를 믿고 채우려는 갈망이 있는 것도 하나님께서 우리를 만드실 때 영을 넣어서 하나님을 찾도록 만드셨기 때문이다. 인간의 영에는 오직 하나님 한 분만 앉으실 수 있는 빈 의자가 있는 것이다.

그리고 그 보좌(寶座)에 하나님께서 앉으실 때 우리는 비로소 깊은 곳에서부터 느껴지는 참 기쁨과 평안 그리고 만족을 느낄 수 있게 된다. 이것이 영의 두 번째 중요한 특징이다.

예수를 믿고 난 후에 하나님을 뜨겁게 찬양하면 세상 노래를 부를 때와 달리 우리 내면에서 한없는 기쁨이 흘러나오는 것을 경험하게 된다. 그렇게 하나님을 찬양할수록 우리 영은 더욱 고양, 충만해지고 마음(혼)도 새롭게 변화된다. 영혼은 하나님 안에 있을 때만 참 기쁨과 평안을 얻도록 창조되었기 때문이다.

영혼이 하나님 안에 있을 때 경험하는 기쁨과 평안을 가리켜 예수님은 우리 배에서 생수의 강이 흐를 것이라고 하셨다.

나를 믿는 자는 성경에 이름과 같이 그 배에서 생수의 강이 흘러나오리라 하시니. 요 7:38

하지만 인간이 선악과를 따 먹고 범죄한 후에는(뒤에서 다시 언급하겠지만, 이것을 원죄(原罪)라고 한다.) 하나님과 만나는 이 영적인 채널이 끊어지면서 인간의 영은 존재하지만 마치 죽은 것처럼 되어 버렸고, 우리에게 평안과 기쁨 대신 여러 가지 고난과 어려움이 찾아오게 되었다.

환자를 만나 보면 많은 분이 외로움과 불안을 가지고 있음을 본다. 인간이 다른 사람과 함께 있지만 외로움을 느끼고, 이유 없이 불안과 염려로 고통받는 이유는 죄와 함께 계실 수 없는 하나님의 영이 죄인 된 우리를 떠나셨기 때문이다. 하나님의 영이 우리 안에 충만히 계시다가 사라지니 불안하고 공허하여 무언가를 채우려고 갈망하는 것이다.

물론 세상의 것도 우리에게 만족을 줄 수 있다. 그러나 세상 재미와 성공은 참 만족이 아니라 일시적인 것에 불과하다. 아무리 돈을 많이 벌고 유명해져도, 장수하며 자식들이 잘되어도 그런 행복은 시간이 지나면 익숙해지고 감흥이 사라지며 내면의 불안과 공허는 채워지지 않는다.

사람이 비록 백 명의 자녀를 낳고 또 장수하여 사는 날이 많을지라도 그의 영혼은 그러한 행복으로 만족하지 못하고⋯. 전 6:3

얼마 전 TV에 수백억대의 재산가인 유명 가수가 나와서 "최근에 갑자기 삶이 너무 공허해졌어요."라고 말하는 것을 들은 적이 있다. 가끔 재벌가 자녀나 유명 연예인의 자살이 보도되는 것도 돈과 명예를 아무리 가져도 물질적인 것이 사람의 가장 깊은 곳에 존재하는 영(靈)에는 어떤 만족과 기쁨도 줄 수 없어서이다.

하나님을 만나지 못한 영(혼)은 채워지지 않는 공허함을 달래기 위해 게임, 술, 담배, 음식, 성(性), 마약 같은 세상의 즐거움이나 돈과 명성 같은 세상의 성공으로 채우려고 하지만, 그것들은 곧 익숙해지고 내성이 생겨 더 큰 욕망과 갈증에 사로잡히게 할 뿐이다.

그렇다. 아무리 돈과 명예가 많고 남들이 모두 부러워하는 사람도 인간은 누구도 완벽한 삶을 살지 못한다. 죄로 인해 각자의 어려움과 공허함을 지고 살아야 하기 때문이다.

당신은 지금 마음을 채워 줄 무언가를 찾고 있는가?

아마 당신은 그것들을 찾으려고 힘든 삶을 살아왔을 테지만, 참만족을 얻지 못했을 것이다. 당신은 다른 것들에서 만족을 얻도록 창조된 존재가 아니어서 그렇다.

여기 당신의 영혼을 충만하게 채울 수 있는 분이 계신다. 바로 예수님이시다. 예수님은 나와 당신의 죄를 용서하셨을 뿐 아니라, 우리에게 영원한 기쁨과 만족을 주신다.

그러므로 나는 당신이 예수님을 영접하기를 소망한다. 예수님을 믿으면 당신의 삶은 결코 이전과 같지 않을 것이다.

특별히 암을 비롯한 여러 가지 몸과 마음의 질병으로 힘든 분이 있다면 혼자 질병과 싸우지 말고, 부디 예수님을 찾기를 바란다.

세상 의술과 의사는 당신을 치료하지 못할 수도 있으나 하나님은 가장 좋은 의사이자 치료의 하나님(Healing GOD)이므로 당신을 치료하신다.

이르시되 너희가 너희 하나님 나 여호와의 말을 들어 순종하고 내가 보기에 의를 행하며 내 계명에 귀를 기울이며 내 모든 규례를 지키면 내가 애굽 사람에게 내린 모든 질병 중 하나도 너희에게 내리지 아니하리니 나는 너희를 치료하는 여호와임이라. **출 15:26**

사람이 하나님의 영을 만날 때 영뿐 아니라 혼과 몸, 즉 전인(全人)이 치료되는 비밀은 사람의 영-혼-몸이 서로 연결되어 있을 뿐 아니라 계단식 층차(層差)로 존재하기 때문이다.

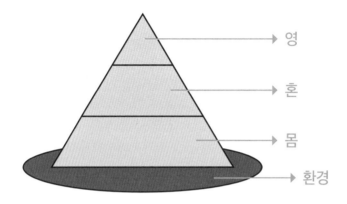

가령 몸의 모든 행동에는 마음(혼)이라는 원인이 있다. 마음은 몸보다 더 높은 곳에서 몸에 영향을 주기 때문이다.

마찬가지로 우리 영(靈)이 하나님을 만나면, 죽은 것과 다름없던 영이 다시 살아난다. 그러면 아래 층차인 생각과 마음(혼)도 새롭게 변화된다.

어제는 암성(癌性) 통증 때문에 죽고 싶다던 환자가 오늘 하나님을 만나면 비록 여전히 몸은 아파도 마음에 무어라 설명할 수 없는 기쁨과 감사가 솟아나는 것은 그 때문이다.

그렇게 마음이 안정되고 치유되면서 아래 층차인 몸도 자연스레 치료되는 것이다. 할렐루야! (물론 하나님은 영혼의 변화 없이 바로 몸이 치료되는 신유(神癒)의 기적도 행하신다.)

"하나님이 인간을 만들었다면 왜 만들었나요?"
"나는 왜 태어났고 왜 사는 걸까요? 내 존재의 의미와 목적은 무엇인가요?"

인간을 만드신 이유, 사랑
(feat. 진짜 사랑을 하기 위해 주신 자유)

자기가 낳은 아이와 차별하며 구박하는 계모와 무관심하고 폭력적인 알코올 중독자 아버지 밑에서 자란 성민(가명)이란 친구를 알고 있다.

부모에게 사랑을 많이 받고 자란 아이는 자존감이 높고 밝은 사람으로 자라지만, 그렇지 못한 아이는 자존감도 낮고 어두운 성향으로 자라기 쉽다.

어렸을 때 받아야 할 사랑이 충족되지 못했기에 성인이 된 후에도 끊임없이 타인의 인정과 사랑을 갈구하게 되고, 충족되지 않으면 불안과 우울에 시달리거나 반대로 폭력적인 성향을 보이기도 한다.

더 큰 문제는 이 상태로는 교회를 다녀도 하나님을 만나 상처가 완전히 치유되기 전에는 사랑 없는 부모의 모습이 하나님에게 그대로 투사되어 하나님도 사랑이 없는 분으로 여긴다는 데 있다.

그러므로 신앙생활을 하면서도 평안과 기쁨이 없고 하나님의 사랑을 믿지 못하게 된다. 안타깝게도 육신의 트라우마가 영적인 트라우마가 되어서 하나님은 내 모습 그대로 나를 사랑하신다는 것을 깨닫지 못하는 것이다.

진료하다 보면 성민이와 비슷한 마음의 상처를 가지고 "나는 왜 태어났는지, 왜 살아야 하는지 모르겠다."라고 말하는 환자를 만날 때가 종종 있다.

이에 대해 성경은 하나님께서 우리를 태어나게 하신 분명한 이유가 있는데, 그것은 사랑이라고 말씀하신다.

사랑하는 자들아 하나님이 이같이 우리를 사랑하셨은즉 **우리도 서로 사랑하는 것이 마땅하도다.** 요일 4:11

세상에는 절대 혼자서 할 수 없는 것이 있는데, 그것이 사랑이다. 하나님은 나와 당신을 사랑하기 위해 태어나게 하신 것이다.

하나님께서 우리를 사랑하려고 만드셨는데 만약 창조된 사람이 미리 프로그램화된 로봇처럼 "하나님, 사랑합니다. 하나님, 사랑합니다."라고 말하며 하나님 뒤를 졸졸 따라다닌다면 하나님의 마음이 어떠실까? 그것은 마음과 마음이 만나는 감동이 없기에 진짜 사랑이라 할 수 없다.

혹시 짝사랑을 해 보셨는지 모르겠다. 짝사랑 역시 내 마음과 상대방의 마음이 통하지 않기에 진짜 사랑이 아니다.

이처럼 하나님과 우리의 사랑이 로봇이나 짝사랑이 아닌 진짜 사랑이 되기 위해서는 반드시 필요한 조건이 하나 있었다.

그것은 우리가 자유로운 마음(혼)을 가지고 하나님을 사랑할지, 사랑하지 않을지 스스로 선택할 수 있는 존재가 되는 것이었다. (진정한 사랑을 하기 위해 하나님은 우리를 만들면서부터 우리 마음에 모든 걸 선택할 수 있는 자유를 주셨고 이것을 신학 용어로 인간이 '자유의지' 〈Free Will〉를 가졌다고 표현한다.)

이것은 실로 엄청난 사건이었다. 온 우주에서 모든 것을 마음대로 하실 수 있는 하나님께서 피조물에 불과한 우리와 진짜 사랑을 하기 위해 딱 하나 마음대로 하실 수 없게 된 것이 바로 우리의 '마음'이 되었기 때문이다.

우리가 다른 사람에게 감동할 때는 상대의 마음이 느껴질 때이다. 마찬가지로 하나님도 우리가 그렇게 하지 않을 수 있지만, 하나님을 믿고 사랑하려고 할 때, 그 마음을 보고 감동하신다.

그리고 이제 모든 것을 마음대로 선택할 수 있게 된 우리 혼은 아래 그림처럼 몸과 영의 중간에서 영과 몸을 자유롭게 선택할 수 있게 되었다.

다시 말해 식욕과 성욕 같은 몸의 본능을 따라 살 수 있고,

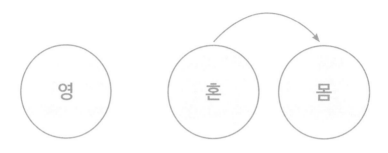

반대로 영을 통해 말씀하시는 하나님의 생각대로 거룩하게 살 수도 있게 된 것이다.

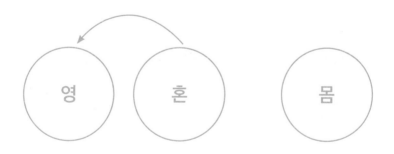

2부에 다룰 마귀와 귀신은 우리 생각과 마음(혼)에 미움과 분노, 음란과 탐심 같은 악한 생각을 넣어서 우리가 몸의 본능과 욕

망을 따라 죄를 짓고 살도록 끊임없이 유혹한다. 그런 생각을 귀신이 주는 것인 줄 모르고 원래 내 안에 있던 생각이라고 여겨 품으면 그 생각을 따라 귀신이 우리 안으로 들어온다. 누가복음(8:30)에 **"예수께서 네 이름이 무엇이냐 물으신 즉 이르되 군대라 하니 이는 많은 귀신이 들렸음이라."**라는 말씀처럼 그런 귀신이 여럿이 되면 군대를 이루어 우리 안에 진(陣)을 치고 버티게 된다.

몸의 본능과 욕망이 악하다는 것이 아니다. 식욕과 성욕 같은 본능은 좋은 것이고 그것들이 없으면 인간은 살아갈 수 없다. 다만 마귀가 주는 죄짓고 싶은 생각을 거절하지 않고 살면 몸의 본능과 욕망이 죄를 짓는 좋은 도구가 될 수 있다는 것이다.

반대로 하나님도 우리에게 하나님의 뜻대로 거룩하게 살 생각과 마음을 주시는데, 우리가 그 생각에 순종할 때 몸은 죄짓는 도구가 아니라 하나님의 일을 하는 거룩한 도구가 된다.

이렇게 보면 우리 생각과 마음(혼)은 선(하나님)과 악(마귀)의 싸움이 벌어지는 영적인 전쟁터라는 것을 깨닫는다.

중요한 것은 하나님께서 주신 자유로 인해 우리는 마귀가 넣어주는 생각을 선택할 수도, 하나님께서 주신 생각을 선택할 수도 있게 되었다는 사실이다. 그러므로 마귀가 주는 생각이 아니라 자꾸만 하나님께서 주시는 생각과 마음으로 우리 마음을 채우고 그것을 선택하려고 해야 한다.

미켈란젤로가 그린 〈천지창조〉는 이것을 잘 묘사하고 있다고 생각한다. 그림을 보면 하나님께서 내미신 손길에 아담도 손을 내밀어 반응하듯, 하나님께서 당신에게 내미신 사랑의 손길에 당신도 손을 내밀어 반응하고 선택해야 한다. 그것이 하나님께서 우리에게 자유를 주시면서까지 원하신 진짜 사랑이기 때문이다.

하나님은 우리가 이 자유의지로 하나님을 믿고 순종하길 원하셨다. 그러나 안타깝게 최초의 인간 아담과 하와는 그렇게 하지 못하였다.

어려운 것처럼 보이지만, 사실 성경은 쉬운 책이다. 성경은 시종일관 우리에 대한 하나님의 '사랑'과 그 사랑에 대한 우리의 자유로운 '선택'에 관한 이야기이기 때문이다.

오해하지 말 것은 우리가 선택한다고 해서 구원을 받고 하나님의 말씀대로 살 수 있다는 것이 아니다. 구원과 말씀대로 사는 것은 전적으로 하나님의 사랑과 은혜가 먼저 필요한 일이다. 다만 하나님께 순종하고 싶은 마음이 없는 사람에게는 하나님께서 베푸신 사랑과 은혜가 닿을 수 없기에 우리 마음의 선택과 결단(순종)이 중요한 것이다.

또 하나님은 우리에게 선택할 수 있는 자유를 주셨지만, 선택에 따른 책임은 지도록 하셨다. 그러므로 하나님을 믿고 순종한 사람들에게는 이 땅의 축복뿐 아니라 영원한 생명(천국)을 주시고, 하나님을 불신하고 불순종하면서 지옥 길로 가는 사람은 마음 아파하시지만 억지로 막지는 않으신다. 그 길 역시 그 사람의 자유로 선택한 것이기에 그렇다.

책을 읽는 여러분에게도 예수님을 믿을지, 거절할지에 대한 자유가 있다.

다만 당신이 예수님을 믿기로 선택한다면, 그것은 하나님 혼자 하는 짝사랑이 아닌 진정한 사랑이 되기에 하나님은 당신 때문에 기쁨을 이기지 못하실 것이다.

너의 하나님 여호와가 너의 가운데에 계시니 그는 구원을 베푸실 전능자이시라 그가 너로 말미암아 기쁨을 이기지 못하시며 너를 잠잠히 사랑하시며 **너로 말미암아 즐거이 부르며 기뻐하시리라 하리라.** 습 3:17

"도대체 내가 왜 죄인인가요?"
"성경을 다 떠나서 어느 아비가 자기를 안 믿었다고 자녀를 죽이고 지옥에 보내나요? 그런 하나님이라면 나는 믿고 싶지 않습니다."

| 선악과와 원죄

이영희(가명) 님이 잔뜩 찡그린 표정으로 한방 진료실로 들어오셨다. 영희 님은 성격이 까다로운 분이라 평소 식사가 맛없다, 직원들이 불친절하다는 등 여러 가지 불만이 많고, 타 환우와도 자주 다투셔서 대하기가 조금 조심스러운 분이다.

"원장님, 항암 치료받고 나서부터 손발이 저릿저릿 아프고, 소화도 안 되고, 잠도 잘 안 오네요. 다른 환자들이 이럴 때 원장님 침 맞으면 잘 낫는다던데 어떻게 좀 해 주세요."라며 치료실 베드에 털썩 누우신다.

"많이 힘드시겠어요. 손발 문제와 소화가 안 되는 건 세포독성 항암제 치료 후에 흔히 생기는 부작용인데, 침 치료로 조금씩 호전될 수 있습니다."라며 안심시켜 드리고 침을 놓아 드린다. 시술을 다 마친 후 "불면은 항암제 후유증일 수도 있지만, 불안과 스트레스 때문일 경우도 많습니다. 그럴 때 신앙을 가져보면 불안을 줄이는 데 많은 도움이 됩니다."라며 슬쩍 복음을 전할 기회를 살핀다.

가타부타 말씀은 안 하지만, 싫어하는 기색이 없어 오영리 전도지를 펼쳐서 복음을 전한다. 그러다가 원죄로 인해 우리 모두가 죄인이 되었다는 부분에서 영희 님이 갑자기 눈을 동그랗게 뜨면서 "아니, 제가 왜 죄인이에요? 저는 도둑질한 적도 없고 살인한 적도 없는데요? 그리고 원죄는 제가 지은 죄도 아니잖아요."라고 따지듯 물으신다.

복음을 전할 때 영희 님처럼 적극적으로 따지지 않더라도 나는 별로 죄지은 것 같지 않은데 죄인이라고 하니 수긍하지 못하겠다는 표정을 짓는 분들이 많은 걸 보면, 사람들은 자기가 죄인이라는 사실을 받아들이기 어려워하는 것 같다. 그리고 이 의문은 아마 책을 읽고 계신 여러분도 가지고 있을 것이다. 해서 그 이야기를 해 보려고 한다.

우리 모두가 죄인이 된 사실을 알려면 여러분도 한 번쯤은 들어보셨을 '선악과' 이야기를 해야 한다.

여호와 하나님이 그 사람에게 명하여 이르시되 동산 각종 나무의 열매는 네가 임의로 먹되 선악을 알게 하는 나무의 **열매는 먹지 말라 네가 먹는 날에는** 반드시 죽으리라 **하시니라.** 창 2:16~17

선악과를 떠올리면 한의대 다닐 때 한 자매에게 전도하던 때가 생각난다. 똘똘했던 그 자매는 선악과와 원죄 이야기를 듣고 있다가 "하나님이 사람을 사랑하신다면서요? 그런데 왜 먹으면 죽는 선악과를 굳이 만드셨어요? 처음부터 선악과를 만들지 말든지, 만들더라도 주변에 장애물을 쳐서 접근하지 못하도록 했다면 사람이 먹고 죽는 일도 없지 않았을까요?"라고 물었다.

생각지 못했던 질문이라 그때는 제대로 답을 못 했는데, 시간이 지나 이유를 알게 되었다. 선악과의 첫 번째 의미는 하나님의 주권이며, 두 번째는 우리에게 주신 자유(의지)이다. 하나님은 우리와 진정한 사랑을 하기 위해 우리가 선(善)뿐만 아니라 악(惡)도 선택할 수 있도록 자유를 주신 것이다.

예를 들어 한 아버지가 사춘기 딸에게 "네가 시집가기 전까지 이 집에서 사는 동안 다른 것은 다 해도 되는데 요즘은 세상이 무서우니 밤 10시 전에는 들어오면 좋겠다."라고 말했다면, 그것은 가장(家長)으로서 충분히 할 수 있는 말이고 그 이유도 자식을 염려하는 사랑 때문이라는 것을 알 수 있다.

하지만 딸에게도 자유가 있으니까 아버지가 정한 10시 통금 시간을 지킬 수도 있고 지키지 않을 수도 있다. 다만 아버지를 사랑하여 걱정시키고 싶지 않은 딸이라면 더 놀고 싶지만 10시 전에는 들어가려고 할 것이다.

마찬가지로 하나님께서 동산의 모든 열매를 다 먹어도 되지만 선악과만은 먹지 말라고 하신 것은 창조주 하나님의 주권(主權)을 나타낸다. 그리고 그 이유도 우리를 향한 사랑이었을 것이다.

딸과 마찬가지로 아담도 선악과를 먹을 수도, 먹지 않을 수도 있었다. 하지만 하나님을 사랑하여 기쁘시게 해드리고 싶었기에 매일 동산을 거닐며 그 과일을 보아도 먹고 싶은 유혹을 참는 것이 그렇게 어렵지 않았을 것이다. 아담에게도 자유가 있었지만, 그조차 사랑 안에 있었기 때문이다. 이를 두고 성(聖) 어거스틴은 사랑 안에 있다면 우리의 자유는 '죄를 짓고 싶은 자유'가 아니라 '죄를 짓지 않을 수 있는 자유'가 된다고 하였다.

하지만 우리가 잘 알듯이 남자(아담)가 아닌 여자(하와)가 뱀(마귀)에게 속아서 결국 선악과를 따 먹고 만다. 성경에 기록된 그

현장으로 함께 가 보자.

선악을 알게 하는 나무의 열매는 먹지 말라 네가 먹는 날에는 반드시 죽으리라 하시니라. 창 2:17

동산 중앙에 있는 나무의 열매는 하나님의 말씀에 너희는 먹지도 말고 만지지도 말라 너희가 죽을까 하노라 하셨느니라. 창 3:3

뱀이 여자에게 이르되 너희가 결코 죽지 아니하리라. 창 3:4

처음 말씀은 하나님께서 하신 것인데, 하나님은 선악과를 먹으면 '반드시' 죽는다고 하셨다. 두 번째는 하와가 한 말이다. '죽을까 하노라'는 죽을 수도 있고, 죽지 않을 수도 있다는 의미이다. 아담과 달리 하와는 하나님의 말씀을 제대로 알지 못하였다.

그러자 기다렸다는 듯이 뱀이 결코 죽지 않는다는 거짓말로 속이고 있다. 그러므로 성경(요한복음, 8:44)은 마귀를 가리켜 '거짓의 아비(조상)'라고 부른다. (뱀이 한 말은 뱀 안에 들어간 마귀가 한 말인데 영으로 존재하는 마귀는 육체를 가진 동물(사람)에게 들어갔다 나왔다 할 수 있기에 가능한 일이었다.)

이렇게 반드시 죽는다는 말씀이 죽을까를 거쳐 결코 죽지 않는 다는 말로 180도 다른 말이 되었고, 하나님의 말씀을 잘 몰랐던 하와는 마귀에게 속아서 선악과를 따 먹고 그것을 아담에게 주어 결국 아담도 먹고 만다.

이처럼 하나님의 말씀을 어기고 선악과를 따 먹은 것을 인간의 근원적 죄라 하여 원죄(原罪)라고 부른다.

이 원죄의 결과가 죽음이다. 본래 인간은 죽지 않고 영원히 살 도록 창조되었다. 인간이 몸은 늙어도 영원히 살 것처럼 생각하 며 사는 이유도 원래 죽지 않는 존재이기 때문이다. 그런 인간이 죽는 이유는 노화나 질병 때문이 아니라 원죄로 인함이다. 먹으 면 '반드시' 죽는다고 하신 하나님의 말씀대로 죽게 된 것이다.

여담으로 만약 첫 사람 아담과 하와가 자녀를 여러 명 낳은 후 에 선악과를 따먹었다면 두 부부만 죽고 자녀들은 계속 살아갔을 지도 모르겠다.

그러나 불행히도 자식을 낳기 전에 선악과를 따 먹었기에 이후 아담의 후손으로 태어난 모든 사람은 마치 유전병이 있는 집안에 서 태어난 아이들처럼 원죄를 가지고 태어나 죽을 수밖에 없고 죽음을 따라 여러 가지 질병과 고통이 찾아오게 되었다.

간혹 환자들이 "하나님은 사랑이라는데 제게 왜 이런 고통을 주시죠? 그리고 모든 것을 미리 정하신다는데, 제가 이 고통을 당하는 것도 미리 정하신 건가요?"라는 질문을 하신다.

또 얼마 전 우연히 한의사 한 분을 전도할 기회가 있었는데 그분이 "성경을 다 떠나서 어느 아비가 자기를 안 믿었다고 자녀를 죽이고 지옥에 보내나요? 그런 하나님이라면 나는 믿고 싶지 않습니다."라고 말하는 것을 들었다.

안타깝지만 이런 생각은 모두 하나님을 오해한 생각들이다. 인간이 선악과를 먹기 전 하나님께서 만드신 세상(에덴)에는 고통과 질병 그리고 죽음이 없었다. 원죄의 결과로 죽음을 따라서 고통과 질병이 우리에게 찾아왔을 뿐이다. 다시 말해 우리가 여러 가지 질병과 고통을 겪는 이유는 우리 조상 아담과 하와가 마귀에게 속아서 불순종의 죄(罪)를 선택했기 때문이지, 하나님 탓이 아니다. 그런데 정작 원인 제공자인 마귀는 교묘하게 뒤에 숨고 하나님을 원망하고 오해하는 생각을 사람들에게 집어넣고 있으니 역시 거짓의 아비다운 행동이다.

가끔 거리에서 "예수 천당, 불신 지옥"을 외치며 전도하시는 분들을 본다. 그분들의 열정은 존경할 만하지만, "예수 천당, 불신 지옥"이라는 말도 정확한 표현이 아니다.

　우리는 불신 지옥이란 말처럼 예수를 믿지 않아서 지옥에 가는 것이 아니기 때문이다. 예수님과 상관없이 우리는 스스로 선택한 원죄로 인해 죽을 수밖에 없고, 죽으면 지옥에서 영원히 고통받아야 하는 절망적인 운명에 처한 사람들이었다.

　앞의 한의사가 오해하듯 하나님은 우리가 당신을 믿지 않는다고 죽이고 지옥에 보내는 옹졸한 분이 아니라 오히려 이 땅에서 잠시 겪는 고통뿐 아니라 영원한 지옥의 고통으로부터 우리를 구원해 주시려고 하나뿐인 아들 예수님을 구원자로 보내 십자가에서 죽이기까지 우리를 사랑해주셨다.

　다만 이 땅에 오신 예수님을 (자유의지로) 믿기로 선택한 사람이 있고, 믿지 않고 거절하는 사람이 있을 뿐이다. 그 선택의 결과 믿지 않는 사람은 지옥에 갈 운명 그대로 지옥에 가는 것이고, 믿는 자는 지옥이 아닌 천국으로 건짐 받는 것이다. 그러므로 예수 천당은 맞지만, 불신 지옥은 맞는 말이 아니다.

앞서 "내가 왜 죄인이에요? 나는 도둑질도 살인도 안 했어요." 라고 따져 물은 영희 님도 이 원죄의 심각성에 대해 모르기에 그렇게 말씀하신 것이다.

인간에게는 두 가지 죄가 있다. 하나는 인간으로 태어난 이상 누구나 가지고 태어나는 원죄(原罪)이고, 두 번째는 거짓말, 도둑질, 음란, 강도, 살인, 시기, 질투, 미움처럼 살면서 생각이나 행동으로 스스로 지은 자범죄(自犯罪)이다.

자범죄를 전혀 짓지 않고 사는 사람이 있을까? 불가능하겠지만 혹시 자범죄가 전혀 없는 사람이 있다 해도, 인간으로 태어난 이상 원죄는 누구나 갖고 태어날 수밖에 없다. 그러므로 성경은 모든 사람이 죄인이라고 단언하신다.

기록된 바 의인은 없나니 하나도 없으며, 모든 사람이 죄를 범하였으매 **하나님의 영광에 이르지 못하더니. 롬 3:10, 23**

세상 사람들의 선과 악(죄)의 기준은 남과 비교해서 보는 도덕적인 것이다. 그러나 하나님이 보시는 선의 기준은 인간이 하나님의 존재를 인정하는 것이고, 악은 하나님을 인정하지 않는 것이다. 그러므로 인간의 기준으로 아무리 착하게 살았다고 해도 하나님을 인정하지 않으면 악인이므로 하나님께서 다스리는 나라(천국)에 들어갈 수는 없는 것이다.

하지만 성경이 원죄를 말하고 모든 사람이 죄인이라고 말씀하시는 이유는 우리를 정죄하려는 것이 아니다. 모든 이가 죄의 결과로 죄인이며, 절망적인 상황에 있다는 것을 깨우쳐 주기 위함이다.

그 절망의 확실한 증거가 바로 죽음이다. 누구도 죽음을 피할 수 없고 무엇보다 죄를 해결하지 못한 상태에서 죽으면 지옥에서 영원히 고통받을 수밖에 없는 것이다.

그러나 절망만을 일깨우면 우리에게 아무런 소용이 없다. 성경은 절망을 말하지만 동시에 하나님의 아들 예수님께서 죄로 인한 절망에서 우리를 구원하기 위해 오셔서 목숨을 버리셨고, 그분을 믿으면 내 모든 죄를 용서받고 의롭게 되어 지옥이 아니라 천국에 갈 수 있다고 말씀하신다. 그것이 성경이 말씀하고자 하는 전부이다.

다만 허기진 사람에게는 한 그릇의 밥이 생명이 되지만, 배부른 사람에게는 필요가 없듯이, 내가 죄인이며 지옥에서 영원히 고통받을 사람이라는 사실이 동의되지 않는다면(또는 동의하지 않는다면) 죄를 용서받고, 구원을 받는다는 말이 내게는 아무런 은혜가 되지 않으며, 나와는 상관없는 이야기가 될 뿐이다.

그러므로 나는 지옥에서 영원히 고통받을 수밖에 없는 죄인이라는 사실을 깨닫는 것이 구원을 얻는 첫걸음이 된다.

예수께서 들으시고 그들에게 이르시되 건강한 자에게는 의사가 쓸 데 없고 병든 자에게라야 쓸 데 있느니라 나는 의인을 부르러 온 것이 아니요 죄인을 부르러 왔노라 **하시니라. 막 2:17**

"2천 년 전 예수가 죽은 것이 내 죄와 무슨 상관이 있나요?"
"세상의 다양한 종교에는 구원이 없고 왜 꼭 예수를 믿어야만 천국에 갈 수 있나요?"

| 십자가

지방에서 작은 공장을 하시는 이근식 님(가명)이 입원하셨다. 평생 힘들게 일하셨고, 아들과 딸 모두 출가시키고 이제 좀 살 만해졌는데, 얼마 전부터 호흡이 가쁘고 가래 양이 많아져서 병원에 갔더니 비소세포 폐암이라고 해서 서울 큰 병원에서 수술받으시고 회복차 우리 병원에 입원하셨다고 한다.

첫 상담을 하며 진맥을 해 보니 스트레스를 많이 받을 때 나타나는 현맥(弦脈)이 보였다. 단중혈에 압통도 있고, 불면과 소화불량도 오래되셨다는 걸 보니 스트레스가 오래된 것으로 보였다.

가족을 부양하려다 보니 매출에 따라 평생 마음이 일희일비(一喜一悲)하고 불안하여 스트레스가 많았는데, 남은 것은 암(癌)밖에 없다고 생각하니 인생이 참 덧없다고 말씀하시며 눈가가 빨개

지셨다. 휴지를 건네드리며, 마음의 부담과 스트레스를 내려놓는 데 신앙을 갖는 것이 큰 도움이 된다고 말씀드리며 교회는 좀 다녀 보셨는지 여쭤보았다.

그렇지 않아도 부인께서 교회를 다니셔서 같이 가자고 항상 졸랐지만, 일요일에 공장 문을 닫을 수 없었다고 하셨다. 무엇보다 자기 집안은 대대로 불교를 믿었기에 예수를 믿어야만 천국에 갈 수 있다는 아내의 말이 이해되지 않았다고 하신다.

전도하다 보면 근식 님처럼 "2천 년 전 예수가 죽은 것이 도대체 내 죄와 무슨 상관이 있나? 왜 꼭 예수를 믿어야만 천국에 갈 수 있나?"라고 묻는 분들이 계신다. 그래서 이번에는 도대체 예수의 죽음이 나와 무슨 상관이 있는지, 왜 꼭 예수를 믿어야 하는지 알아보려고 한다.

우선 성부(聖父) 하나님의 입장에서부터 생각해 보려고 한다. 앞서 말씀드린 대로 하나님은 우리를 낳았고 우리를 당신의 자녀라고 말씀하셨다.

그러나 사람들이 마귀에게 속아서 선악과를 따 먹음으로 모두 죽게 되었다. 황당하게도 사랑하는 자녀들을 한순간에 모두 잃는 아픔을 겪으신 것이다.

성경에 하나님의 이 아픔에 대한 자세한 언급은 없지만, 하나님은 분명 실종된 자식의 이름과 얼굴이 적힌 전단지를 들고 생업을 포기하면서까지 전국을 헤매는 부모와 같은 심정이었을 것이다. 하지만 인간의 죄를 용서하고 되찾고 싶어도, 하나님께 방법이 없었다.

하나님께 방법이 없었다는 말을 듣고 어떤 분이 "아니 전지전능(全知全能)하다는 하나님도 불가능한 것이 있나요? 바둑이나 장기도 두다가 한 수 물리는 것처럼, 아담과 하와를 불러 선악과를 따 먹지 말라고 다시 한번 따끔하게 혼을 내고, 마귀도 벌주면서 '자, 죽지 않고 처음부터 다시 시작한다.'라고 하면 될 텐데 왜 그렇게 하지 않으셨죠?"라고 물었다.

하나님은 전지전능하시니 충분히 그렇게 하실 수 있었다. 그러나 하나님은 사랑의 하나님이면서 동시에 공의(公義)의 하나님이다. 공의는 공평하다는 의미로, 쉽게 말하면 한 번 뱉은 말이 비록 자신에게 해롭더라도 지킨다는 뜻이다. 실제로 성경은 하나님께선 당신이 한 번 입 밖으로 내신 말씀은 무슨 일이 있어도 지키는 분이라고 말씀하신다.

내 언약을 깨뜨리지 아니하고 내 입술에서 낸 것은 **변하지 아니하리로다.** 시 89:34

공의와 상관없는 신으로는 그리스, 로마 사람들이 믿었던 제우스가 있다. 그는 자기감정에 따라 분노하여 사람을 죽이기도 하고 예쁜 여자를 보면 그 남편으로 변신하여 겁탈하는 등 공의와 거리가 먼 신이었다. 만약 그런 신이 다스리는 세상에서 산다면 '기준'이 없기에 우리는 어느 장단에 맞춰 살아야 할지 몰라 매우 불안할 것이다.

그러나 하나님은 하고 싶은 대로 다 하실 수 있는 절대자임에도 마음대로 하지 않으시고 당신이 한 번 하신 말씀은 무슨 일이 있어도 지키신다. 설령 그것이 당신에게 아픔이고 고통이어도 말이다. 그것이 피조물인 우리가 불안해하지 않고 살도록 하는 하나님 사랑의 다른 이름 공의이기 때문이다.

그러므로 **"선악과를 먹으면 반드시 죽는다."** 라는 말씀으로 인해 모든 사람이 죽게 되어 하나님의 마음이 찢어지더라도 "먹으면 반드시 죽는다." 라는 말씀을 바꾸지 않으셨다.

공의와 더불어 하나님은 어떤 죄를 용서받으려면 반드시 피를 흘려야 한다고 말씀하셨다.

육체의 생명은 피에 있음이라 내가 이 피를 너희에게 주어 제단에 뿌려 너희의 생명을 위하여 속죄하게 하였나니 생명이 피에 있으므로 피가 죄를 속하느니라. 레 17:11

율법을 따라 거의 모든 물건이 피로써 정결하게 되나니 피 흘림이 없은즉 죄사함이 없느니라. 히 9:22

왜 생명의 정수가 피에 있는지 의미를 모두 알 수는 없지만, 하나님 보시기에 생명의 정수는 피에 있으므로 죄를 용서받으려면 피를 흘려야 한다고 말씀하셨다.

그런데 죄를 용서하기 위해서 피를 흘린다는 의미는 손에 상처를 조금 내서 피를 찔끔찔끔 흘린다는 말이 아니라 생명에 관한 큰 죄를 지은 사람이 용서받으려면 그 역시 생명을 내놓아야 한다는 뜻이다.

이대로라면 아담과 하와의 죄를 용서하려면 아담과 하와를 죽여서 피를 흘려야 한다. 하지만 사랑하려고 사람(자녀)을 만드셨는데 죄를 용서하려고 자녀를 죽일 수는 없는 노릇이다.

인간의 잘못된 선택으로 인해 하나님은 인간을 죽일 수도 그렇다고 살릴 수도 없는 괴로운 딜레마에 걸리신 것이었다.

하나님의 아픔과 딜레마를 자세히 들여다보면 아담과 하와를 용서하자면 인간의 피가 필요한데 아담과 하와의 피는 원죄로 더럽혀져서 쓸 수 없고, 그렇다고 아담과 하와를 죽일 수도 없는 노릇이었다.

결국 이 문제를 해결하려면 '죄 없는 다른 사람의 깨끗한 피와 희생'이 필요했다.

그리고 마침내 하나님은 이 딜레마를 해결하기 위해 당신의 하나뿐인 아들 예수님을 인간의 몸으로 이 땅에 보내어 십자가에서 우리 대신 피 흘려 죽게 만드신다.

예수 그리스도의 나심은 이러하니라 그의 어머니 마리아가 요셉과 약혼하고 동거하기 전에 성령으로 잉태된 것이 **나타났더니. 마 1:18**

사람의 모양으로 나타나사 **자기를 낮추시고** 죽기까지 복종**하셨으니 곧 십자가에 죽으심이라. 빌 2:8**

우리가 아직 죄인 되었을 때에 그리스도께서 우리를 위하여 죽으**심으로 하나님께서 우리에 대한 자기의** 사랑을 확증**하셨느니라.** 롬 5:8

하나님이 그 아들**을 세상에 보내신 것은 세상을 심판하려 하심이 아니요 그로 말미암아** 세상이 구원을 받게 하려 하심**이라.** 요 3:17

성경은 두껍고 어려운 책처럼 보이지만, 처음부터 끝까지 우리에 대한 하나님의 사랑을 기록한 쉬운 책이다.

상대방을 너무 사랑하면 상대방처럼 되고 싶어지고, 자기를 희생하게 된다. 1.4후퇴 피난 도중 출산을 하고 자신이 입었던 속옷까지 모두 벗어 아이를 감싸며 부둥켜안고 있다가 동사(凍死)한 한 여인의 안타까운 이야기를 들은 적이 있다.

이처럼 사랑하면 자기를 돌보지 않고 자기를 버리게 된다. 그것이 사랑의 속성이기에 그렇다. 마찬가지로 예수님도 나와 당신을 사랑하셔서 지옥에서 영원히 고통당해야 하는 우리를 살리기 위해 하나님의 모습을 버리고 인간으로 오셔서 우리 대신 피 흘려 돌아가셨다.

세상의 어떤 종교도 신(神)이 인간이 되어 죽기까지 사랑해준 종교는 없다. 오직 예수님만 그렇게 하셨고 성경은 그 사랑의 기록이다.

이를 두고 성경은 한 사람 아담이 (선악과를 먹지 말라는) 하나님의 말씀에 불순종하여 많은 사람이 죄인 된 것처럼, 한 사람 예수님께서 (피가 죄를 속한다는) 하나님의 말씀에 순종하여 피 흘려 죽기까지 순종하심으로 많은 사람이 의인이 되었다고 말씀하신다. 논리적으로도 아무 문제가 없는 일대일의 완벽한 대속(代贖, 대신 죄를 용서함)인 것이다.

한 사람이 순종하지 아니함으로 많은 사람이 죄인 된 것같이 한 사람이 순종하심으로 많은 사람이 의인이 되리라. 롬 5:19

출혈과 쇼크를 계속 일으켜서 죽이는 십자가형은 인간을 가장 괴롭게 죽이는 형벌이라고 한다. 사실 예수님이 지신 십자가의 고통은 나와 당신이 지옥에서 영원히 받아야 하는 고통이었다. 예수님은 내가 생각으로 지은 죄 때문에 나 대신 머리에 가시가 박히셨고, 손과 발로 지은 죄로 인해 손발에 대못이 박히셨다. 그리고 몸으로 지은 죄 때문에 온몸에 채찍을 맞고 창에 찔려 고통스럽게 피 흘리며 돌아가셨다.

혹시 당신은 자식 아닌 다른 사람을 위해 대신 죽어 줄 수 있는가? 아니면 당신을 위해서 대신 죽어 줄 사람이 있는가?

우리는 죄로 인해 지옥에서 영원히 고통받아야 했던 사람들인데, 예수님은 그런 날 위해 아무런 조건 없이, 값없이 대신 피를 흘려주셨다. 날 위해 큰 고통을 받고 죽으심으로 말미암아 죄인이 가야 할 지옥의 절망을 천국의 소망으로 바꿔 주셨다. 할렐루야!

이 은혜는 우리가 아무 대가나 노력 없이 그냥 받았다. 그래서 이 놀라운 복음을 듣고도 별로 감흥이 없는 사람들이 많다. 사람들은 무언가 큰 것을 받으려면 나 역시 큰 대가를 치러야 한다고 생각하기 때문이다.

그러나 내 편에서는 대가를 치른 것이 없지만 하나님은 외아들을 죽이기까지 어마어마한 희생과 대가를 치르셨다. 그러니 생각할수록 이 얼마나 큰 은혜요, 갚을 수 없는 사랑인지 모르겠다.

앞서 근식 님처럼 세상 사람들은 "예수의 죽음이 도대체 나와 무슨 상관이 있느냐?"라고 묻고, "다른 종교에도 구원이 있는데 왜 꼭 예수를 믿어야만 천국에 갈 수 있느냐?"라고 말하면서 기독교는 너무 독선적이고 편협하다고 몰아붙이기도 한다. 그러나 이것은 '원죄'의 심각성을 모르기에 하는 말이고, 원죄를 용서하기 위해 피 흘려 주신 예수님의 '사랑'을 모르기 때문에 하는 말이다.

놀라운 것은 태초에 하나님께서 우리에게 선택할 수 있는 자유를 주셨기에 여러분은 이 복음을 듣고도 예수님을 믿을 수도, 믿지 않을 수도 있다. 하나님은 그 자유를 오늘도 존중하셔서 복음을 억지로 믿도록 강요하지 않으시고, 당신이 믿고 선택하도록 해 주셨다.

"예수님을 믿으려면 어떻게 해야 하나요?"

"구원은 어떻게 받나요?"

영접(迎接) 기도

(영접은 예수님을 환영하고 받아들인다는 뜻입니다)

그동안 원죄로 인해 죽을 수밖에 없고 지옥에서 영원히 고통받아야 하는 우리의 운명과 우리 죄를 해결해 주신 예수님에 대해 나누었다. 책을 읽으면서 예수님을 믿고 싶은 마음이 조금이라도 생긴 분이 있다면, 당신의 자유의지를 사용해서 어떻게 예수님을 영접(迎接)하고 구원을 받는지 알아보려고 한다. 성경 말씀을 함께 읽어 보자.

주 예수를 믿으라 **그리하면 너와 네 집이 구원을 받으리라.** 행 **16:31**

영접하는 자 **곧 그 이름을 믿는 자들에게는** 하나님의 자녀**가 되는** 권세를 주셨으니. 요 1:12

하나님이 세상을 이처럼 사랑하사 독생자를 주셨으니 이는 그를 믿는 자마다 **멸망하지 않고** 영생을 얻게 하려 하심이라. 요 3:16

예수께서 이르시되 나는 부활(復活)이요 생명이니 나를 믿는 자는 죽어도 살겠고, 무릇 살아서 나를 믿는 자는 영원히 죽지 아니하리니 **이것을 네가 믿느냐.** 요 11:25~26

하나님께서 우리에게 선택할 수 있는 자유를 주셨으므로 위 말씀처럼 복음을 듣고 영접하여 예수님을 믿는 사람도 있고, 반대로 믿지 않고 거절하는 사람도 있다. 하지만 우리가 마음을 열어 예수님을 믿으면 하나님의 입장에서 이것은 짝사랑이 아닌 진정한 사랑이 되므로 크게 기뻐하신다.

그러므로 살아서 예수를 믿고 영접한 사람은 죽어도 다시 살아나 지옥에 가지 않고 천국에 가는 구원을 약속해 주셨다. 할렐루야!

영접과 관련된 또 다른 말씀을 읽어 보자.

사람이 마음으로 믿어 의에 이르고 입으로 시인하여 **구원에 이르느니라.** 롬 10:10

마음으로 믿는다는 것은 예수님께서 나를 구원해 주셨다는 사실이 아직 100% 믿어지지 않더라도 내게 주신 자유(의지)로 한번 믿어 보겠다고 마음을 먹는 것이다. 입으로 시인한다는 것은 입을 열어 예수님을 나의 구원자로 고백하는 것이다.

마음으로만 믿으면 되지 왜 굳이 입술로 시인해야 하냐고 묻는 분이 간혹 계시는데, 이것은 하나님께서 말씀으로 천지를 창조하셨듯이 하나님의 형상대로 창조된 우리 인간의 말에도 영적인 힘 (POWER)이 있기 때문이다. 이건 마치 계약서에 도장을 찍으면 계약이 체결되고 구속력(힘)이 생기는 것과 비슷하다고 볼 수 있겠다.

하지만 하나님께서 우리에게 자유를 주셔서 예수님을 믿도록 강요하지 않으시니 마음을 여는 것과 입술로 고백하는 것은 여러분이 먼저 하셔야 한다. 온 우주에서 모든 것을 다 하실 수 있는 하나님께서 딱 한 가지 마음대로 하실 수 없는 것이 바로 우리의 마음임을 잊지 말자.

그러므로 복음을 받아들이는 것은 머리로 다 이해되어서 믿는 것이 아니라 먼저 마음을 열어 믿기로 결단하는 것이 무엇보다 중요하다. (마음을 열고 영접하면 그다음에 온전히 믿어지게 하실 것이다.)

이제 당신은 어떤 선택을 하시겠는가? 예수님을 믿지 않았지만, 책을 읽고 예수님을 영접할 마음이 생기는가? 그렇다면 아래 영접 기도문을 따라 작은 소리라도 소리 내어 고백해 주시길 바란다.

하나님! 저는 지금까지 당신을 떠나 방황하며 살아왔습니다. 지옥에 갈 수밖에 없는 이 죄인을 구원하기 위해 아들 예수님을 구원자로 보내 주셔서 감사합니다.

예수님! 십자가에서 피 흘려 죽기까지 저를 사랑하여 구원해 주시니 감사합니다.

성령님! 제 안에 오셔서 예수님께서 저를 구원하셨다는 사실을 가르쳐 주시니 감사합니다.

이제부터는 예수님을 제 구원자와 주(主)님으로 믿고 살겠습니다. 날 구원해 주신 예수님의 이름으로 기도합니다. 아멘.

교회 다니는 성도에게 드리는 질문
(교회에 다녀도 필요한 복음)

"오늘 죽어도 천국에 갈 확신이 있습니까?"

앞의 질문들이 믿지 않는 분들에게 전도하면서 들었던 질문이라면, 이번 질문은 전도하면서 교회(혹은 성당)에 다닌다고 하는 분을 만날 때마다 제가 드리는 질문이다.

질문하게 된 이유는 한의대 다닐 때 동기와 주일예배를 드리고 돌아오면서 혹시 오늘 죽어도 천국에 갈 확신이 있냐고 물어본 적이 있었다. 그는 잠시 망설이더니 아직은 자신이 없다고 하였다.

성경은 예수님을 영접하면 천국에 갈 수 있다고 약속해 주셨는데 오랫동안 교회에 다니면서도 그는 왜 구원에 확신이 없었던 걸까? 더구나 그는 모태(母胎)신앙이었고 신실하게 교회를 다니는 친구였음에도 말이다. 이것은 한동안 나에게 풀리지 않는 숙제였다.

이후로는 전도할 때 교회에 다닌다고 하는 환자를 만날 때마다 "혹시 오늘 죽어도 천국에 갈 확신이 있으십니까?"라는 질문을 꼭 드려 본다.

그러면 "아멘."이라고 확신에 찬 대답을 하시는 분도 계시지만 "교회는 다니는데 아직 해 놓은 것이 없어서 구원받기에는 부족합니다."라거나 "죄가 많아서 아직 자신이 없습니다."라고 말하는 분들도 있었다. 실은 아주 많았다.

이것은 '구원파' 같은 이단이 성도들에게 접근해서 구원받은 정확한 날짜를 물어보고, 우물쭈물 답하지 못하면 당신은 구원을 받은 것이 아니라면서 진짜 구원을 받으려면 자기들 교회를 다녀야 한다고 속이는 원인이 되기도 한다.

교회는 다니지만, 구원의 확신이 없는 성도들이 많은 것은 왜일까? 그것은 예수님을 영접하고 믿음으로 구원받은 사람들에게 거짓의 아비 마귀가 슬그머니 다가와서 이런 생각을 집어넣기 때문이다.

'온전한 구원을 받으려면 이제 술, 담배도 끊어야 하고, 못된 성격과 은밀한 죄도 버려야 해. 그리고 기도도 열심히 하고 성경도 많이 읽고 교회 봉사와 전도도 열심히 해야 해.'

'열심'과 '행함'을 강조하는 것이다. 하지만 성도는 그렇게 살지 못하는 경우가 많다. 그러면 마귀는 또 '술, 담배도 끊지 못하고 은밀한 죄를 반복해서 짓는 네 모습을 과연 하나님께서 기뻐하실까? 너는 구원을 받을 자격도 없어.' 또는 '구원받았다고 하지만, 기도도 하지 않고 말씀도 읽지 않고, 못된 성격 하나 고치지 못하는 네가 구원받은 사람이 맞기는 하냐?'라고 속삭이며 구원의 확신과 담대함을 빼앗아 간다.

이처럼 구원을 받은 후에 믿음만으로는 충분하지 않고 무언가를 더 해야 한다고 속삭이는 것은 성도들을 속여서 무기력한 그리스도인으로 만들기 위해 마귀가 오래전부터 사용해 오던 속임수임을 알아야 한다.

구원은 오직 예수 그리스도께서 흘리신 십자가 보혈(寶血)을 믿고 선물로 받는 것이지 우리가 무엇을 해서 얻은 것이 아니라는 것을 에베소서는 분명하게 증거하고 있다.

**너희는 그 은혜에 의하여 믿음으로 말미암아 구원을 받았으니 이
것은 너희에게서 난 것이 아니요 하나님의 선물이라. 엡 2:8**

그럼에도 마귀는 예수님의 보혈만으로는 충분하지 않고 행함이
필요하다고 성도들을 끊임없이 속이며 거짓말을 한다. 이것에 속
으면 신앙생활을 잘한다고 생각하는 사람은 은연중에 그렇지 못
한 사람을 판단하고 정죄하는 교만에 빠지고, 반대로 말씀대로
살지 못한다고 생각하는 사람은 정죄에 빠져 더 노력해야 구원을
얻을 수 있다고 생각하게 된다.

어느 경우든 성도에게는 치명적인 결과이고 마귀는 손해 볼 것
이 없으니 수천 년 동안 이 속임수를 포기하지 않는다.

그러나 구원은 죄를 버리고 거룩하게 산다고 받는 것이 아니라
내 죄를 용서해 주신 예수님을 믿음으로 받는다. 구원은 행함에
있지 않고 마음(믿음)에 있기 때문이다.

죄 사함과 구원이 믿어지면 그 기쁨과 즐거움은 누구도 막을 수
없다. 믿어지면 이제 어떻게 그 은혜에 보답할까 하여 못된 자아

와 은밀한 죄를 버리고 말씀대로 살려고 몸부림치게 되고, 내게 잘못한 사람, 원수 같은 사람도 조금씩 용서하게 된다. 삶이 변하는 것이다.

심지어 **"나는 주 예수의 이름을 위하여 결박당할 뿐 아니라 예루살렘에서 죽을 것도 각오하였노라."**라고 말한 사도 바울처럼 주를 위해 죽는 것도 두려워하지 않는 사람이 되어 간다. 죄 사함과 구원이 믿어지면서 점점 예수님을 사랑하게 되기 때문이다.

이것이 구원이 믿어지는 성도의 정상적인 과정이다. 그러나 마귀는 구원의 은혜와 그에 대한 감사와 기쁨은 쏙 빼 버리고 오직 행함만을 강조하면서 성도를 속인다.

또 전에 방언을 못 하면 성령 세례를 못 받은 것이고 온전한 구원을 받은 것이 아니라는 잘못된 지식으로 괴로워하는 형제를 만난 적이 있었다. 성령의 은사를 오해해서인데, 사실 성령님의 아홉 가지 은사는 '받는 것'이 아니라 구원받은 성도라면 그 사람 안에 '이미' 있는 것이다. 거듭나면 그 사람 안에 성령님이 계신다고 하셨는데 성령님께서 그의 안에 계시는데 성령의 은사는 없다는 것은 말이 되지 않기 때문이다. 다만 각 사람의 사명을 따라 성령님께서 특히 드러나게 하시는 은사가 있고, 각 사람이 얼마나 믿음으로 취하느냐의 차이가 있을 뿐이다.

그날 형제에게 이것을 설명해 주고 방언은 소리의 은사이니 방언을 하기 위해서는 입을 열고 소리 내어 기도해야 하고, 무엇보다 성령님께서 이미 내 안에 계신 사실을 믿고 믿음으로 기도하라고 말해 주었다. 그랬더니 그동안 얼마나 간절했던지 '주여! 주여! 하며 몇 번 소리 높여 부르더니 곧 울면서 방언 기도를 하는 것을 보았다. 할렐루야!

사실 은사는 특별한 것이 아니라 하나님의 일을 잘하라고 주신 것이다. 방언도 내 생각대로가 아닌 하나님의 뜻대로 더 오래, 더 깊이 기도하라고 주신 것이고, 성령 충만도 특별한 것이 아니라 내 자아가 굴복되어 말씀대로 살아지는 것이 성령 충만인데 자꾸만 뭔가 특별한 체험과 짜릿한 것을 원하니 문제가 생기거나 이단에 빠지게 된다.

이처럼 구원받은 것을 내 모습(행함)이나 감정 그리고 은사체험으로 알려고 하면 믿음이 항상 롤러코스터처럼 널뛰며 살게 된다. 원하는 것을 얻어 마음이 뜨거우면 구원의 확신이 있다가, 소원이 이뤄지지 않거나 죄라도 지으면 낙심과 정죄로 구원의 확신이 사라지기 때문이다.

그렇다. 믿음은 내 생각이나 감정, 모습을 믿는 것이 아니라 하나님의 말씀을 믿는 것이다. 하루에도 수십 번씩 왔다 갔다 하는 생각과 마음이 아니라 말씀에 근거를 두어야 한다. 마찬가지로 구원받은 것과 천국에 갈 수 있다는 믿음도 내 생각과 감정이 아니라 하나님의 말씀으로만 확신해야 한다.

내가 섬기는 선한목자교회에서 얼마 전 은퇴하신 존경하는 유기성 목사님께서 쓰신 『당신은 행복하십니까?』(위드지저스, 2021)라는 책에는 일곱 가지 내용을 제시하며 구원의 확신이 부족하고 혹시 죄 중에 있어 담대함이 없을지라도 일곱 가지 가운데 한 가지라도 증거가 있다면 당신은 구원받은 사람이라고 말씀하신다.

왜냐하면 우리가 마음과 입술을 열어 예수님을 영접하는 그 순간, 비록 우리는 잘 느끼지 못할 수 있지만, 성령님께서 우리 안으로 들어오시기 때문이다. (마귀는 우리가 환영하지 않아도 함부로 우리 안으로 침입하지만, 인격적인 하나님은 반드시 우리가 마음을 열고 환영해야 우리 안으로 들어오신다.)

너희가 믿음에 있는가 너희 자신을 시험하고 너희 자신을 확증하라 예수 그리스도께서 너희 안에 계신 줄을 너희가 스스로 알지 못

하느냐 **그렇지 않으면 너희가 버리운 자니라.** 고후 13:5

너희는 너희가 하나님의 성전인 것과 하나님의 성령이 너희 안에 계시는 것을 알지 못하느냐. **고전 3:16**

그리고 아래 일곱 가지 증거들은 모두 성령님께서 우리 안에 계시면서 주시는 마음들이다. (일곱 가지 제목을 제외한 내용은 필자가 바꾸었다.)

① 하나님을 아버지라고 부르는가?

하나님을 믿는 사람들은 하나님을 아버지라고 부른다. 그러나 믿지 않는 사람들은 하나님을 '하나님'이라고는 부르지만, '아버지'라고 부르지는 않는다. 이에 대해 성경은 구원받은 사람 안에 계신 성령님께서 하나님이 내 아버지라고 가르쳐 주기 때문이라고 말씀하신다.

성령이 친히 우리의 영과 더불어 우리가 하나님의 자녀인 것을 증언하시나니. 롬 8:16

② 예수님을 주님이라고 시인하는가?

구원받은 사람은 하나님을 아버지라고 부르는 것처럼, 예수님을 주님이라고 부른다. 주(主)님은 주인이라는 뜻이다. 하지만 구원을 받지 못한 사람은 예수님을 훌륭한 분이지만 나의 구원자요, 주인이라고 인정하지는 않는다. 설령 자신의 이익을 위해 그렇게 흉내 낼 수는 있지만, 마음 깊은 곳에서부터 주인이라고 고백하며 주인처럼 모시고 살지는 않는다.

그러므로 성경은 누구든지 성령님이 아니고서는 예수님을 주라 할 수 없다고 말씀하신다.

그러므로 내가 너희에게 알리노니 하나님의 영으로 말하는 자는 누구든지 예수를 저주할 자라 하지 아니하고 또 성령으로 아니하고는 누구든지 예수를 주시라 할 수 없느니라. 고전 12:3

③ 하나님의 은혜를 느끼는가?

성도는 자신이 죄인이었으며 십자가 보혈의 은혜가 아니면 지옥에서 영원히 고통받을 수밖에 없었던 자라고 고백한다. 그뿐 아니라 삶의 어려운 순간마다 하나님께서 도와주셨음을 깨닫고 눈물 흘리며 삶의 모든 것이 하나님의 은혜였다고 고백한다. 성령께서 그것을 깨닫고 믿어지게 하시기 때문이다.

하지만 믿지 않는 사람들은 자신이 죄인이 아니라고 생각하며 어려움을 헤쳐 나온 것은 하나님의 은혜가 아니라 자기 능력이나 운이 좋았기 때문이라고 생각한다. 그 사람 안에 성령님이 계시지 않기에 그렇게 생각하는 것이다.

우리가 세상의 영을 받지 아니하고 오직 하나님으로부터 온 영을 **받았으니 이는 우리로 하여금 하나님께서 우리에게** 은혜로 주신 것들을 알게 하려 하심**이라. 고전 2:1**

④ 성령님의 근심을 느끼는가?

구원받은 성도도 세상 사람들처럼 죄를 지을 수 있다. 그러나 성도는 죄를 지으면 마음에 괴로움과 더불어 성령님의 근심을 느낀다. 비록 괴로움을 느끼면서도 계속 죄를 지을 수도 있지만 그래도 '내가 이러면 안 되는데, 하나님께 회개해야 하는데.'라고 생각하게 된다. 성령께서 그 안에서 근심하시기 때문이다.

이처럼 과거에는 죄라고 생각하지 않던 것이 죄라고 여겨지고, 죄를 싫어하는 마음을 갖게 되는 것, 죄를 짓고 하나님께 회개할 생각을 가지는 것은 구원받은 성도의 중요한 특징 중 하나이다. 그래서인지 예수를 믿을수록 이 죄인을 불쌍히 여겨 달라는 기도와 눈물이 더 많아진다.

반면 믿지 않는 사람도 죄를 짓고 양심에 가책을 느껴 돌이키기도 하지만, 성령님의 근심은 느끼지 않는다. 성령님의 근심을 느끼지 못하니 하나님께 회개할 생각도 하지 않는다.

하나님의 성령을 근심하게 하지 말라 **그 안에서 너희가 구원의 날까지 인치심을 받았느니라. 엡 4:30**

⑤ 용서와 사랑의 마음이 일어나는가?

우리는 남에게 피해를 받으면, 받은 대로 혹은 몇 배로 갚아 주려는 못된 본성이 있다. 이것은 타락한 인간의 본성이라 가르쳐 주지 않아도 잘하지만, 용서하고 사랑하는 것은 노력해도 잘되지 않을 때가 많다.

하지만 예수님을 영접하면 비록 상대방이 잘못했을지라도 '내 안에 하나님이 계시듯, 그의 안에도 계시지…….', 나 같은 자도 용서받았는데, 그가 내게 잘못한 것은 내가 주께 한 것에 비하면 아무것도 아니지.'라는 생각이 들어 용서하려는 마음이 생겨난다. 비록 억울하고 하기 싫어서 당장은 순종하지 못하더라도 '용서해야 하는데…….', '사랑해야 하는데…….'라는 마음이 올라와 끙끙대며 괴로울 때가 있다. 그 마음은 누가 주시는 것인가? 성령께서 주시는 마음이다. 우리 안에 계신 성령님께서 용서와 사랑의 영(하나님)이시기 때문이다.

> **누가 누구에게 불만이 있거든 서로 용납하여** 피차 용서**하되** 주께
> 서 너희를 용서하신 것같이 **너희도 그리하고.** 골 3:13

> **어느 때나 하나님을 본 사람이 없으되** 만일 우리가 서로 사랑하면
> 하나님이 우리 안에 거하시고 **그의 사랑이 우리 안에 온전히 이루**
> **어지느니라.** 요일 4:12

⑥ 하나님의 일을 하고 싶은 소원이 생기는가?

전도하여 영접 기도까지 마친 환자 중에 교회는 다니고 싶은데
헌금과 봉사가 부담스러워 나가야 할지 모르겠다고 말씀하시는
분들을 종종 만난다. 영접은 했지만, 아직 예수님의 은혜를 제대
로 느끼지 못하기에 인색한 마음이 드는 것이다.

신앙의 길을 걷는 사람들은 누구나 처음에 그런 마음을 겪는다.
헌금과 봉사가 부담되면 안 해도 상관없다. 구원은 믿음(마음)으
로 받는 것이지, 헌금과 봉사(행함)를 했다고 받는 것이 아니기
때문이다.

다만 신앙생활을 하면서 누구나 머리로 알았던 예수님의 사랑

이 가슴에서 믿어지는 때가 온다. 많이 들었던 말인데 어느 날 "예수님께서 십자가에서 피 흘려 당신을 구원하셨습니다."라는 말에 나도 모르게 눈물이 나면서 '그렇지. 나는 영원히 고통받는 지옥에 갈 수밖에 없던 죄인이었는데, 예수님 덕분에 천국에 갈 수 있게 되었지.'라는 것이 믿어지는 날이 반드시 온다. 성령께서 그 마음을 주시기 때문이다.

그렇게 은혜에 감사하는 마음이 들면 이제 '받은 사랑에 어떻게 보답할까?' 하는 마음이 들고, 그때부터는 누가 시키지 않아도 자연스럽게 시간과 물질을 하나님께 드리고 하나님의 일을 하고 싶은 마음이 생겨난다. 그러므로 이런 마음과 소원이 생기는 것은 성령께서 그 안에 계시는 사람, 구원받은 사람의 중요한 특징 중 하나이다.

너희 안에서 행하시는 이는 하나님이시니 자기의 기쁘신 뜻을 위하여 너희에게 소원을 두고 행하게 하시나니. 빌 2:13

⑦ 전도하고 싶은 마음이 생기는가?

예수님은 십자가에서 마지막 숨을 거두면서까지 전도하셨고, 부활 후 승천하시면서 우리에게 마지막으로 부탁하신 것도 전도였다. 그러나 시간과 과정이 필요하기에 성도들이 처음부터 전도를 잘하는 것은 아니다.

하지만 전도를 못 하고 있더라도 믿지 않는 가족이나 지인을 보며 '저 사람을 전도해야 하는데…….'라는 생각이 드는 것 자체가 구원받은 성도의 중요한 특징이다. 성령이 그 안에 계시면 다른 사람을 향해서 복음을 전하고 싶은 마음을 주시기 때문이다. 그러나 불신자는 성령님께서 계시지 않기에 전도해야겠다는 생각 자체를 하지 않는다.

오직 성령이 너희에게 임하시면 너희가 권능을 받고 예루살렘과 온 유대와 사마리아와 땅 끝까지 이르러 내 증인이 되리라 하시니라. 행 1:8

이상 일곱 가지를 살펴보았다. 일곱 가지 모두 성령님께서 주시는 마음이라고 성경은 말씀하신다. 그러므로 하나님 앞에서 정직하게 나를 살펴 일곱 가지 중 한 가지라도 있다면 성령님께서 내안에 계시는 증거이며, 오늘 죽어도 천국에 갈 수 있다는 확실한 증거이니 구원의 확신과 담대함을 가지시라. 혹시 죄 때문에 구원의 확신이 없다면 하나님께 회개하고 죄를 버리고 돌이키면 될 일이다.

유기성 목사님은 항상 설교 중에 예수님이 우리 안에 계시지만, 우리가 인식하지 않고 살기에 우리 삶에 모든 문제가 생긴다고 하시면서 아침에 일어나서 예수님을 생각하고, 밥을 먹을 때도 예수님을 생각하고, 공부하고 일할 때도 예수님을 생각하고, 사람을 만날 때도 예수님을 생각하고, 잠자리에 들면서도 예수님을 생각하고, 매 순간 예수님께 묻고 순종한 것을 '예수동행일기〈영성 일기〉'에까지 쓰라고 가르치셨다.

그렇게 '아침에 일어나서 예수님 생각했나요? 일할 때 예수님을 생각했나요?'라는 질문에 '네, 아니요.'라고 단순하게 체크만 해도 하루를 살면서 얼마나 예수님 생각을 하지 않고 사는지 깨닫게 된다. 그러면서 차츰 내 안에 예수님이 계신다면 나도 그분을 의식하면서 살아야겠다는 마음이 생겨난다.

금식기도나 특별 성령 집회를 한 것도 아니고 단지 예수님을 생각한 것을 일기에 적었을 뿐인데 평생 붙잡혀 살던 혈기와 버려지지 않던 은밀한 죄가 버려졌다는 성도들의 간증이 우리 교회에는 많이 있다. 그렇다. 예수님이 내 안에 계시는 것이 정말로 믿어진다면 어떻게 함부로 말하며 행동할 수 있겠는가? 어떻게 은밀한 죄를 계속 지을 수 있겠는가? 믿어진다면 말이다.

또한 방금 영접해서 일곱 가지 마음이 없다 해도 상관없다. 이제부터 시작이기 때문이다. 더불어 교회에는 오래 다녔지만, 일곱 가지 중에 하나도 확신이 없다 해도 낙심할 필요가 없다. 이제부터라도 예수님을 똑바로 믿으면 되기 때문이다.

2부

전도 현장에서 듣는
그 외의 질문들

전도하며 들었던 질문 중에 1부에 싣지 못한 질문은 2부에 실었다. 1부와 달리 2부는 전도와 크게 상관이 없는 것처럼 보일 수도 있겠다. 하지만 전도를 하다 보면 2부에 실린 질문을 받을 때도 많고, 무엇보다 교회 다니는 성도들도 한 번쯤은 가져 볼 만한 질문들이기에 책에 싣게 되었다.

전도하며 들었던 질문은 다양했지만, 그 뒤에는 모두 거짓의 아비 마귀가 깊이 관여하고 있음을 알게 되었다.

마귀가 2부에 실린 내용 중 가령 진화론이나 무신론 같은 생각을 세상 사람들의 마음에 넣어서 복음을 거부하고 교회를 공격하게 하면서 동시에 성도들, 특히 이런 질문에 흔들리기 쉬운 초신자와 다음 세대 아이들의 믿음을 흔들어서 우는 사자처럼 삼키려고 하기 때문이다.

교회 다녀도 마귀가 있는지조차 모르는 분도 있지만, 마귀의 일은 우리가 생각하는 것보다, 훨씬 더 실제적이고 구체적이다. 그러므로 조금 긴 호흡으로 마귀가 하는 일을 자세하게 살펴보려고 한다. 부디 초신자와 다음 세대의 믿음을 튼튼히 하는 데 2부가 도움이 되었으면 하는 바람이다.

근신하라 깨어라 너희 대적 마귀가 우는 사자같이 두루 다니며 삼킬 자를 찾나니. 벧전 5:8

"요즘 세상에 귀신이 어디 있어요? 있다면 뭘 하고 있는 거죠?"
"나를 이렇게 만든 남편을 용서할 수 없어요."
"이 중독과 죄에서 어떻게 벗어날 수 있나요?"
"교회를 다녀도 왜 이렇게 고난이 많은지 모르겠어요."

| 마귀와 귀신

1970~1980년대에 KBS 채널에서 방송된 〈전설의 고향〉이라는 프로그램이 있었다. 간을 빼먹는 천 년 먹은 구미호도 나오고 억울하게 죽은 사람이 귀신이 되어 원수를 갚는 등 오싹한 내용의 시리즈 드라마였는데, 분장과 음향이 무서워서 볼 때마다 이불을 뒤집어쓰면서도 막상 귀신이 나올 때는 어떻게 생겼는지는 궁금해서 실눈을 뜨고 봤던 기억이 난다.

전도하다 보면 요즘 같은 대명천지에 귀신이 어디 있냐고 말하는 분도 있지만, TV나 영화에 단골 소재로 등장하는 것을 보면 귀신이 인간의 호기심과 두려움의 대상인 것은 부정할 수 없다. 성경도 마귀와 귀신은 존재한다고 말씀하신다.

저는 대적하는 자라 범사에 일컫는 하나님이나 숭배함을 받는 자 위에 뛰어나 자존(自尊)하여 하나님 성전에 앉아 자기를 보여 하나님이라 하느니라. 살후 2:4

큰 용이 내쫓기니 옛뱀 곧 마귀라고도 하고 사탄이라고도 하며 온 천하를 꾀는 자라 그가 땅으로 내쫓기니 그의 사자들도 그와 함께 내쫓기니라. 계 12:9

마귀(魔鬼)는 본래는 하나님을 섬기는 천사들의 대장이었는데 받은 권세가 크다 보니 교만해져서 스스로 자기를 하나님이라고 높이다가 땅으로 쫓겨났고 따르던 천사들은 귀신이 되었다고 성경은 기록하고 있다.

그렇다면 온 우주를 통틀어 스스로 자기를 높이는 마음, 즉 교만은 마귀로부터 시작되었음을 알게 된다.

땅으로 쫓겨난 마귀는 이후 선악과를 먹으면 하나님처럼 된다는 교만한 생각을 인간에게도 주어서 범죄하도록 만들고, 인간이 타락한 후에는 죽음, 여러 가지 고통과 함께 교만도 인간 안으로 들어가게 만들었다.

그렇게 들어온 교만은 우리 안에 여러 가지 마음(자아)을 낳았는데, 그중에 '자기 사랑'과 '자기 신뢰'의 마음이 가장 크고 강력하다. 아이가 태어나 말을 시작하면 누가 가르쳐 주지 않아도 "내 거야."라고 자기 소유를 주장하고(자기 사랑), "내가 할 거야."라고 고집을 부리는 것(자기 신뢰)을 볼 때 이것을 선명하게 알게 된다.

환자들과 상담하며 또 나 자신의 내면을 살펴보면서 이 자기 사랑과 자기 신뢰의 마음이 우리가 만나는 모든 문제의 근원임을 알게 되었다. 자기 사랑과 신뢰는 결국 자기(나)를 섬기는 우상이며 마귀가 그 마음들을 계속 부추기면서 역사하기 때문이다.

구체적으로 자기 사랑의 마음은 자기의 유익을 위해 돈과 명예를 향한 '탐심'을 갖게 만들고 자기의 행복을 위해 술, 담배, 게임, 도박, 음란(性), 마약 등 세상 것을 사랑하는 쾌락과 '중독'에 빠지게 만든다.

자기를 귀히 여기지 말고 자기 행복과 유익을 구하지 말라는 것이 아니다. 하나님은 우리가 행복하기를 원하신다. 다만 하나님 없이 행복할 수 없도록 창조된 존재가 하나님이 아닌 자아(자기)와 세상 것만 구하고 사니 불행해지고 인생에 여러 가지 문제가 생기는 것이다.

이 자기 사랑이 방해를 받으면, 다시 말해 조금 손해를 보거나 무시받아 자존심이 상하는 등 어떤 일이 자기 마음대로 되지 않으면 상대를 향해 '분노'(짜증, 잔소리, 원망, 미움)를 쏟아내게 된다. 그리고 이때 마귀가 역사하여 억울하고 속상한 마음과 옳고 그름을 따지는 마음을 주어서 상대를 향한 판단과 미움, 분노를 더욱 부채질한다. 멀리 갈 것 없이 가장 사랑해야 할 부부와 가족 사이에서도 우리는 이런 영적 전쟁을 날마다 경험하면서 살고 있지 않나?

유방암으로 입원하셨던 부산에서 오신 권사님이 "나를 이렇게 만든 남편을 용서할 수 없어요."라고 한 말씀이 기억난다. 권사님뿐 아니라 여자 환자들을 상담해 보면 대부분 남편과 시어머니를 향한 분노와 원망이 많았다. 들어보면 남편과 시댁에 문제가 많아 그 맘이 충분히 이해된다. 그러나 분노하고 미워하는 근본 이유는 상대방 때문이 아니라 자기 때문이다.

자기 행복을 위해 결혼했는데, 막상 행복하지 않으니 미워하고 싸우다가 헤어지는 것이다. 성경은 자기가 아닌 상대를 행복하게 해 주는 것이 결혼 생활뿐 아니라 모든 인간관계의 황금률이라고 하셨는데, 자기 사랑 때문에 가장 사랑해야 할 아내와 남편도 진정으로 사랑하지 못하고 오히려 상처를 주고, 받으면서 살아간다.

이것은 겉으로는 상대의 문제처럼 보이나, 실은 내 문제이다. 성경은 십자가에서 내 자아는 죽었고, 원수도 사랑하라고 하셨는데 말씀대로 살지 않고 내 감정을 부여잡고 억울해하고 미워하는 이유는 자아가 아직 십자가에서 처리되지 않았기 때문이다. 말씀대로 자아가 십자가에서 죽었다면 억울해할 이유도 없는데 말이다.

그래서 나는 환자를 상담하며 인간관계 문제로 힘들어하는 교인을 만나면 원수도 사랑하라는 진리의 말씀과 다른 미움과 분노의 마음이 내 안에 있다면 일단 '내 문제'로 받도록 권해드린다.

상대의 문제가 분명할 때 내 문제로 받는 것이 억울하고 힘들 수도 있다. 그러나 내 문제로 받아들이지 않으면 내 안의 분노와 미움은 사라지지 않고 관계의 문제도 해결되지 않는다. 힘들어도 우선 내 문제로 받아들여야 비로소 하나님께서 내 안의 문제(못된 마음과 자아)를 보여 주신다. 상대방이 잘못했어도 말씀대로 용서하고 사랑했다면 내 문제가 아니지만, 나 역시 똑같이 육신으로 대했으니 그것은 분명 내 문제이다.

그러면서 이것은 말씀과 다른 나를 변화시키려고 하나님께서 주신 내 훈련이라는 것을 깨닫게 된다. 깨달아지면 더 이상 그를 붙잡고 미워할 이유가 없다. 이것은 내 문제이기 때문이다. 그렇게 차츰 분노가 사라지고 평안이 찾아온다. 그리고 그는 원수가 아니라 어떻게 해도 변화되지 않는 나를 변화시키려고 하나님이 내게 붙이신 천사라는 것도 깨닫게 된다.

내 문제로 받아들인 후 상대도 변화되면 좋지만, 보통은 더 무시하면서 적반하장으로 나오는 경우가 많다. 억울하고 자존심 상하게 만들어서 내 문제로 받아들이지 않고 싸우게 만들려고 마귀가 역사하는 것이다. 그러므로 성도는 이것을 잘 분별하여 그 사람이 아니라 그의 뒤에 숨어서 역사하는 마귀를 대적해야 한다.

그렇게 하나님 앞에 내 문제로 받고 나만 변화되려고 몸부림치면 비록 상대방은 변화되지 않아도 나는 변화된다. 내가 변화되면 하나님은 더 이상 나를 훈련하실 이유가 없으니 결국 그 사람과 환경도 변화시켜 주신다. 우리 부부도 결혼 초에 성격 차이로 이혼의 심각한 위기를 여러 번 겪었다. 당시 나는 내 행복을 위해 아내가 변화되기만을 원하는 이기적인 남편이었기 때문이다. 하나님께서 은혜를 주셔서 내 문제로 받기 시작하면서 우리 가정에도 차츰 싸움이 그치고 용서와 사랑이 찾아오게 되었다. 할렐루야!

자기 사랑으로 인해 타인을 향해 불같이 일던 분노(화병)는 시간이 지나면서 차츰 자신에게 향하면서 '우울'(절망, 낙심, 무력

감)에 빠지게 만든다. 우울과 절망이 더 심해지면 마귀는 '이렇게 살면 뭐 하나?', '차라리 죽으면 이 고통을 벗어날 수 있지 않을까?' 같은 생각을 넣어서 스스로 목숨을 끊게 만든다. 자살은 정말 안타까운 일이고 여러 가지 표면적인 이유가 있겠지만, 근본 원인을 거슬러 올라가면 결국 자기 사랑의 자아와 이를 틈 탄 마귀의 역사임을 알게 된다.

또한 자기 신뢰의 마음은 자기가 한 일이 잘되면 '자랑'하게 만들고, 반대로 일이 자기 뜻대로 안 되면 잘된 사람을 '시기'(질투)하고, 자신을 향해서는 '불안'(염려)하게 만든다. 뭐든 스스로 해야 직성이 풀리는 자기 신뢰의 마음은 필연적으로 남과 비교하게 만들기 때문이다. 남과 비교해서 조금 나아 보이니 자랑하고, 자기보다 나은 것 같으니 시기하고, 남과 비교하여 뒤처질까 봐 불안한 것이다.

환자들을 보면 불안감이 심해 검사해도 특별한 원인이 없는데 머리가 아프고, 어지럽고, 잠이 안 오고, 가슴이 두근거리고, 소화가 안 되고(신경성 소화불량, 역류성 식도염), 호흡이 안 되거나(과호흡, 공황장애) 강박증과 심한 생리통이나 피부질환 등 자율신경이 실조된 분을 자주 보는데 대부분 남에게 맡기지 못하고 자기가 하려는 자기 신뢰(완벽주의)가 강한 분들이었다.

불안과 염려로 인해 두통, 어지러움, 불면, 공황장애 같은 신체 증상이 심해지면 증상을 해소하기 위해 침이나 약(한약), 상담이 필요할 때가 있다. 그러나 그것들은 드러난 증상을 해결하는 데는 많은 도움이 되지만, 마음의 근원(자아)은 건드리지 못했기에 마치 스프링을 눌렀다가 놓으면 다시 튀어 오르듯 언제든 비슷한 상황이 되면 다시 올라올 수 있다. 그래서 마음의 병은 자기 안에 깊이 숨어 있는 자아를 건드려 주지 않으면 완치가 어려운 것이다.

그러므로 나는 미움과 분노(화병), 우울과 불안 같은 마음의 병과 이로 인한 신체 증상이 심한 환자에게는 병든 마음을 그대로 가지고 하나님께 나가 무거운 짐을 맡기라고 권해드린다. 하나님 안에만 참 자유와 치유가 있기 때문이다.

하나님 앞에 나아갈 때 중요한 영적 원리 세 가지도 말씀드리는데, 첫째는 선(하나님)과 악(마귀)의 영적 전쟁이 벌어지는 곳은 언제나 내 마음(자아)이라는 사실을 깨닫는 것이다.

자아를 발견하는 방법은 앞서 살펴본 대로 미움과 분노 같은 진리(말씀)와 다른 마음이 내 안에 있을 때 우선 내 문제로 받는 것이다. 내 문제로 받고 내 안을 들여다보면 마귀가 내 마음을 어떻게 부추겨서 나로 죄짓게 하는지, 나는 어떤 문제에 자주 넘어지는지 성령님께서 발견하게 해 주신다.

둘째는 발견된 마음을 하나님 앞에 정직하게 내놓고 회개해야 한다. 지금 그 마음(자아)으로 인해 하나님의 뜻대로 살지 못하기 때문이다.

셋째로 자아가 문제라는 것을 깨달으면 발견된 자아를 스스로 억누르고 죽이려고 노력하는 분이 많은데, 자아는 죽여야 하는 게 아니라 예수 십자가의 보혈로 이미 죽었고 마귀와 영적 싸움도 이미 승리했다는 말씀을 믿음으로 취해야 한다. 내 생각과 감정에는 여전히 그 자아가 내 안에 살아 있는 것처럼 느껴지지만, 이는 마치 전에 헌 집일 때 몰래 들어와 살던 도둑이 새로 지은 집에 다시 들어와 불법으로 점거하고 있는 것과 같은 상황이다. 그러므로 십자가에서 자아가 이미 죽었다고 하신 성경 말씀을 의지하여 도둑을 쫓아내야 한다.

구체적으로 마귀가 미움과 분노, 절망과 불안 같은 생각과 마음을 넣어 줄 때마다 가령 "미워하는 마음은 십자가에서 이미 죽었으니 부추기는 너(마귀)는 떠나가라!"라고 대적하고 더 나아가 **"악에게 지지 말고 선으로 악을 이기라."**라는 로마서(12:21) 말씀처럼 마귀가 주는 악한 생각을 편들지 말고 오히려 반대로 선

(성령님)의 편을 들어주어서 분노와 미움이 아니라 용서와 사랑으로, 절망과 염려가 아니라 기쁨(희락)과 감사로, 탐심과 음란이 아니라 인내와 절제 같은 성령의 열매를 맺고자 해야 한다.

1부에서 나눴듯 마음을 지켜 악을 거절하고 선을 행하고자 하는 것은 하나님께서 해 주시지 않고 우리가 먼저 그렇게 하기로 선택해야 하기 때문이다. 그렇게 하기로 결단할 때 성령께서 힘을 주셔서 성령의 열매 맺게 해 주신다.

(그렇다. 거듭난 성도가 싸워야 할 대상은 언제나 내 안의 못된 마음과 그 마음을 부추기는 마귀이지 타인이나 환경이 아니다. 상처와 미움, 분노와 우울, 음란과 각종 중독, 그리고 이유 없는 몸의 질병이 내 안에 오래 있는 것도 정상적인 그리스도인의 삶이 아니다. 이미 구원받았고, 이미 새롭게 되었고 이미 치료되었는데 그렇지 않다고 속이는 마귀가 지금 불법으로 내 삶을 점거하고 있으니 예수 이름으로 속히 대적하여 쫓아내야 한다!)

이처럼 자아 발견→회개→믿음(대적)으로 마음을 지키는 것이 성경에 나타난 마음의 병이 근본적으로 치료되는 방법이다. 병의 형태는 다양하지만, 거슬러 올라가면 모두 마귀와 교만에 뿌리를 두고 생겨난 영적인 문제들이기 때문이다. (교만에서 시작된 우리 안의 마음(자아)들이 무엇이고, 그것들이 몸에 어떤 질병을 만들어 내는지 도

표로 그려 보았다.)

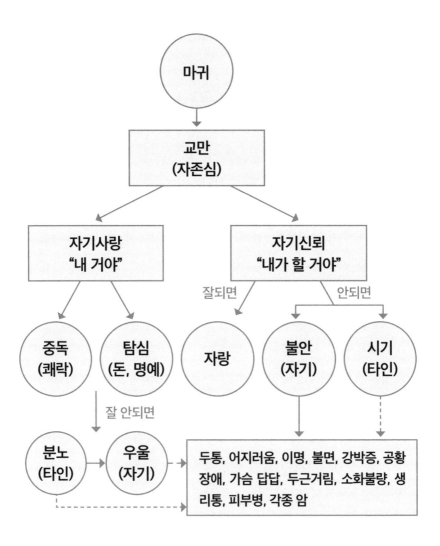

이상 마귀가 우리 마음(자아)을 어떻게 유혹하여 죄짓고 병들게 하는지 살펴보았다. 그럼 마귀가 열중하는 또 다른 일은 무엇일까?

공중 권세를 잡고, 하나님을 대적하는 마귀

땅으로 쫓겨난 마귀는 공중 권세를 잡고 세상 풍조(風潮. 사상과 분위기의 변화와 유행)로 사람들을 조종하는 자가 되었다고 에베소서는 말씀한다.

그 때에 너희는 그 가운데서 행하여 이 세상 풍조(風潮)를 따르고 공중의 권세 잡은 자**를 따랐으니 곧 지금 불순종의 아들들 가운데서 역사하는 영이라. 엡 2:2**

땅과 공중, 즉 세상을 다스리는 모든 권세는 원래 하나님께서 인간에게 주셨다. 그러나 인간이 선악과를 먹고 타락하면서 그 권세를 예수님이 다시 오시기 전까지 잠시 마귀가 잡게 되었다. 다시 말해 오늘날 정치, 경제, 문화, 국방, 교육, 언론, 종교 등 세상 모든 영역에서 마귀가 권세를 잡지 않은 곳은 한 곳도 없는 것이다.

공중 권세 잡은 마귀는 항상 하나님을 반대해 왔으므로 아담 이후 인류 역사는 언제나 정(正)-반(反)-합(合)의 역사였다.

예를 들어 태초에 하나님께서 만드신 천지 창조(正)가 싫었던 마귀는 거짓말로 인간을 타락(反)시켰고, 하나님은 예수 그리스도를 통해 인간을 구원하고 회복(合)시키셨다. 할렐루야!

이후 복음이 유대에서 그리스와 로마로, 로마에서 전 유럽으로 퍼졌고(正), 복음의 확장이 싫었던 마귀는 당시 교회(카톨릭)를 돈과 권력 그리고 성(性)적인 문제로 타락(反)시켰다. 이에 하나님은 종교 개혁을 통해 교회를 다시 회복(合)시키셨고 복음을 전 세계로 확장시키셨다.

그러나 종교 개혁의 시대에 즈음하여 마귀는 다시 하나님을 반대하는 세상 풍조(분위기)를 만들어 냈는데 그것은 '세상에 하나님은 없다.'라는 사상과 '하나님보다 세상(돈)을 따르라.'라는 생각이었다. (이런 사상은 기존에도 있었지만, 더 구체화되었다고 보는 것이 맞을 것이다.)

하나님은 없다는 사상은 르네상스 운동으로 구체화된다. 세상 학자들은 르네상스 시대를 중세 암흑 시대를 탈피하여 예술, 문학, 철학 등 다방면으로 자유로운 문예가 꽃피운 시대로 정의하지만, 르네상스는 하나님 중심의 신본주의(神本主意)에서 사람의 이성과 철학이 중심이던 고대 그리스, 로마의 인본주의(人本主意, Humanism)로 돌아가자는 주장이다. 하나님을 반대하는 생각이 핵심인 것이다. 그리고 이는 나중에 무신론과 진화론의 이론적 배경이 된다.

하나님보다 세상(돈)을 따르라는 사상은 유럽에서 왕정이 혁명으로 무너지고 공화정과 의회가 들어서면서 구체화 된다. 왕권이 약해지고 대신 돈 많은 자본가들이 국정(의회)에 참여하고 때마침 산업혁명이 등장하면서 세상은 역사상 처음으로 대량의 자본(돈)이 주인이 되는 자본주의(資本主義) 시대로 진입한다. 오늘날 돈이 세상을 지배하고 사람들도 부자가 되고 싶은 욕망에 자발적으로 돈의 노예가 되는 시대가 된 것이다.

(그리고 미래에는 인공지능(AI)과 로봇의 발달로 많은 일자리가 사라지면서 점차 중산층이 사라지게 될 것이라고 예상한다. 중산층이 사라지면 권력과 자본을 장악한 소수가 가난한 다수를 지배하는 시대가 될지도 모르겠다. 그리고 그즈음 성경에 예언된 적그리스도가 출현하여 기본소득 같은 것으로 사람들의 먹고 사는 문제를 해결해주면서 자발적으로 적그리스도를 따라 살도록 부추기며 거부하면 소득을 주지 않거나 매매를 못하게 하면서 하나님을 떠나게 만들지 않을까 생각한다.)

하나님께서 마귀에게 이런 권세를 왜 허락하셨는지 그 뜻을 모두 알 수는 없지만, 마귀로 인해 오늘날 세상 사람들은 속는지도 모르고 속고 있고 교회와 성도도 날마다 영적인 싸움으로 신음하고 있다. 이는 마귀 입장에서는 바람직한 상태(正)일 것이다. 하지만 마귀가 잠시 세상 권세를 잡고 있으나 온 우주의 주인이며 역사를 주관하시는 분은 하나님이시다. 하나님은 마귀의 역사에 반(反)하여 마지막 날까지 교회와 성도에게 피할 길과 이길 힘을 주실 것이고 언젠가 예수님께서 이 땅에 다시 오시면 마귀와 그 수하의 모든 일을 멸하시고 성도를 영원한 하나님 나라로 인도하실 것(合)이다. 할렐루야!

하지만 예수님은 아직 오지 않으셨고, 오늘도 마귀는 공중 권세를 이용해 오직 한 가지 일을 하고 있는데, 그것은 모든 사람이 하나님을 찾지 않도록 하는 것이다. 이를 위해 마귀가 사용하는 전술은 두 가지인데, 첫째는 핍박하는 것이고, 둘째는 속이고 유혹하는 것이다. (두 가지를 함께 사용하기도 한다.)

핍박은 목숨이 아까우면 예수 믿지 말라는 것이다. 실제 초기 교회 시대, 로마 황제들은 예수 믿는 사람들의 재산을 빼앗고 십자가에 못 박거나 끓는 기름에 튀겨 죽이고 굶주린 사자에게 던져주는 등 무섭게 핍박했다. 지금도 일부 이슬람 국가와 북한에서는 성도들을 박해하며 죽이고 있고, 마지막 때에도 할 수만 있다면 핍박하여 하나님을 떠나게 할 것이다.

그러나 박해를 가해도 복음은 사라지지 않고 오히려 더 퍼져가는 것을 목격한 마귀는 잠시 주 전술을 속이고 유혹하는 것으로 바꾼듯하다. 앞서 '마음'을 유혹하여 죄짓게 하듯, '세상'으로 유혹하여 스스로 하나님을 떠나게 만드는 것이다.

박해와 달리 유혹은 인간을 속여서 인간 스스로 하나님을 찾지 않고, 떠나게 하는 것이 핵심이다. 마귀가 자기를 드러내지 않고 숨어서 세상 풍조로 사람들을 속이고 조종하는 이유도 정체를 드러내면 속지 않을 사람이 많고, 무엇보다 세상을 따라 자발적으로 살지 않을 것을 잘 알기 때문이다. 코로나19 역시도 단순 전염병으로 볼 것이 아니라 방역을 빌미로 사람들이 자발적으로 교회에 모이기를 꺼리고, 결국 교회와 하나님을 스스로 떠나게 만드는 것을 볼 때 마귀의 역사임을 알 수 있다.

세상 재미로 유혹하여 하나님을 찾지 않고 떠나게 만든다

1부에서 하나님과 마귀의 영적 싸움이 벌어지는 곳은 우리의 생각과 마음(자아)이라고 했다. 그리고 생각과 마음을 붙잡는 가장 좋은 방법은 눈과 귀를 사로잡는 것이다. 태초에도 여자에게 먼저 선악과를 보게 하고, 선악과를 먹고 싶은 마음이 들자 바로 거짓말로 유혹했던 것처럼, 지금도 마귀는 사람들의 눈과 귀를 사로잡아 마음을 붙잡으려고 노력한다.

이를 위해 요즘에는 재미있는 '세상 문화'를 이용하는데, 이것이 지금 마귀가 가장 강력하게 밀고 있는 방법이다. 각종 문화를 통해 마귀는 사람들에게 "너 자신을 사랑하고 네 인생을 마음껏 즐겨라."라고 속삭인다. 그러면서 세상이 우리를 행복하게 해 줄 것처럼 유혹하여 세상에 빠져 살게 만든다.

SNS나 TV, 영화, 게임, 만화, 음악 같은 대중문화 자체가 악하다는 것이 아니다. 문화는 사람들의 마음속에 들어가는 데 특별한 저항이 없고 오히려 즐거움이 되므로 마귀가 사용하기 좋은 도구가 되는 것이다. 과거에는 이 대중문화를 주로 TV나 컴퓨터를 통해서만 볼 수 있었지만, 지금은 스마트폰만 열어도 재미있는 볼거리가 넘쳐 난다. 스마트폰으로 사람들의 눈과 귀를 사로잡아 세상 재미에 빠져 살게 하려는 마귀의 전략은 성공한 것처럼 보인다. 요즘은 스마트폰 없는 삶을 상상하기 어려울 만큼 우리 삶과 밀접하게 연결되어 있어서이다.

성공적으로 사람들의 눈을 사로잡은 마귀는 이제 다양한 볼거리를 통해 사람들의 생각과 마음에 세상의 사고와 가치관, 다시 말해 마귀의 사고와 가치관을 주입한다.

가령 하나님은 존재하지 않는다는 생각이나 하나님의 천지 창조는 잘못되었다는 생각, 진화는 자연스러운 과정이며 과학기술로 인간과 동물 두 종의 유전자를 섞어서 강력한 영웅(신)이 되는 것은 멋지다는 마음(ex. 영화 〈스파이더맨〉 등), 마법(魔法)에 대해 환상과 호감을 갖게 하는 마음(ex. 영화 〈해리포터〉 등), 교회와 성도가 착한 척하지만, 뒤로는 온갖 나쁜 짓을 한다는 생각(ex. 영화 〈밀양〉 등)을 각종 영화나 TV 프로그램을 통해 심어 준다.

재밌게 보기만 했을 뿐인데 이런 생각은 사람들의 마음에 각인되어 복음을 거부하고 교회에 대한 반감을 갖게 만든다. 뒤에서 다루겠지만, 마귀는 왜 이렇게 교회를 싫어할까? 마귀의 입장에서 교회는 자기 영역(세상)에 들어온 적의 기지이고 성도는 적군인데, 세상과 다른 말(복음)을 하여 자기에게 속한 사람들을 빼내가기 때문이다.

그러므로 마귀는 자기에게 속한 세상 사람뿐 아니라 적군인 그리스도인도 세상 재미로 유혹하려고 기를 쓴다. 유혹은 언제나 작은 것부터 시작한다. '종일 일하느라 힘들었을 텐데 성경 읽고 기도하는 대신 재밌는 게임을 하거나 유튜브 좀 보면서 쉬는 건 어때?', '누구나 이 정도는 다 하고 사는데, 그렇게 얽매이지 말고 하고 싶은 대로 하고 살아.' 같은 생각을 심어준다. 그렇게 하나씩 따라 하다 보면 세상 재미를 추구하는 것이 습관이 되고 어느새 첫사랑을 잃어버리고 뜨거운 것도 찬 것도 아닌 미지근한 상태가 되어 간다.

대중문화가 나쁘다는 것도, 문화를 즐기지 말라는 것도 아니다. 그 안에 숨은 의도가 나쁠 수 있고, 눈과 귀를 절제하지 못하는 중독이 문제라는 것이다. 유튜브나 틱톡 같은 영상 중독뿐만 아니라 게임 중독, 술, 담배와 음식 중독(식탐), 포르노 중독 같은 중독은 모두 작은 틈에서 시작되는 것으로, 처음부터 심각한 중독에 빠지는 사람은 없다. 그리고 모든 중독의 본질은 눈과 귀, 생각과 마음을 그것에 붙들리게 해서 예수님 생각을 하지 못하게 만드는 데 있다.

실제로 재미있는 드라마나 유튜브를 몇 시간씩 본 날은 예수님 생각이 아니라 영상에서 본 것이 종일 머릿속에 떠다니는 경험이 누구나 한 번쯤은 있을 것이다.

이것은 마치 구멍 뚫린 그릇과 같다. 구멍 난 그릇에 아무리 물을 채워도 사라져 버리듯이 말씀을 듣고 반짝 성령 충만했다가도 세상 재미를 향한 구멍을 막지 않으면 어느새 내 안에 계신 예수님은 사라져 버린다.

그렇게 예수님은 곁에 없어도 불안하지 않지만, 핸드폰은 잠시도 곁에 없으면 불안한 그리스도인이 되고 세상 사람들과 똑같이 재밌는 드라마와 예능 이야기, 맛집과 여행 이야기, 취미와 투자 이야기만 하면서 살아가게 된다.

성도가 예수 믿는 것을 막지는 못했지만, 세상 재미와 풍조에 푹 빠져서 예수님보다 세상을 더 사랑하면서 시간과 인생을 허비하며 사는 것, 이것이 마귀가 성도들에게 간절히 원하는 바이다. (마귀가 부추기지만, 근본 원인은 우리 안에 깊이 숨어 있는 자기를 즐겁게 하기 위한 자기 사랑의 마음이다. 자기 사랑이 하나님을 향한 사랑을 막고 하나님보다 세상을 더 사랑하게 만드는 것이다.)

그러면 어떻게 해야 할까? 변화는 실상을 깨닫는 것에서 시작하므로 세상 문화가 재미있다는 것과 그 재미가 내 안에 계신 예수님을 뺏어 간다는 것을 깊이 깨달아야 한다. 그리고 게임과 인터넷, 특히 스마트폰을 끊으려는 노력이 필요하다. 먼저는 새는 구멍을 막아야 한다.

우리 뇌는 맛있는 음식이나 성적으로 매력적인 상대 그리고 재미있는 것을 보면 도파민이라는 욕구와 관련된 신경 전달물질(호르몬)을 분비하는데, 노력을 통해 그것들을 얻으면 도파민 분비는 더욱 활성화되면서 행복해지고 더 하고 싶은 욕망과 집중력이 생긴다.

이것은 일해서 행복을 얻게 하려고 하나님께서 우리 몸(뇌)에 주신 시스템이다. 하지만 이것이 도박에서 승리하여 쾌감을 느끼고 또 하고 싶은 욕구를 유발하는 것처럼 잘못된 방향으로도 사용된다. 행복, 활력과 관련된 도파민이 반대로 중독에 빠지는 매개체가 되는 것이다.

문제는 핸드폰으로 유튜브나 틱톡 같은 영상을 자주 보면 노력하지 않아도 맛있는 음식이나 매력적인 이성 그리고 재밌는 것이 눈에 보이니 도파민이 많이 분비된다. 그러면서 점점 아무런 노력을 하지 않고 게을러지면서 더욱 의존적으로 변하게 된다. (영상) 중독에 빠지는 것이다.

중독에서 벗어나기 위한 방법은 일단 도파민 중독을 1달 정도

차단하고(눈을 차단하지 않으면 사실 방법이 없다. 먼저는 새는 구멍을 막아야 한다.), 즐거움 대신 고통을 선택하는 것, 다시 말해 매일 30분쯤 땀이 날 정도로 몸을 움직이는 방법을 권해드린다.

하지만 이런 노력이 효과를 보기도 하지만, 한계가 있을 때가 많다. 여전히 내 마음에서 그 세상 재미를 좋아하고 사랑하기에 언제든 조건만 맞으면 다시 시작될 수 있기 때문이다. 그러므로 중독이 완전히 치료되기 위해서는 앞에 나눈 것처럼 발견-회개-믿음(대적)의 3가지 영적 원리를 구체적으로 삶에 적용하는 것이 필요하다. 중독은 영적인 문제이기 때문이다.

먼저는 내가 중독되었다는 발견과 인정이 필요하고, 중독이 자기를 즐겁게 하기 위한 자기 사랑의 우상임을 하나님께 고백(회개)하는 것이 필요하다. 그리고 믿음으로 매 순간 마음을 지키며 마귀를 대적하는 과정, 즉 기도가 필요하다. (영적 문제인 중독과 반복적인 죄의 문제를 해결하기 위해서는 마음으로 하는 기도도 좋지만, 방언을 할 수 있다면 영으로 하나님께 비밀을 말하는 기도인 방언(고전 14:2)으로 꾸준히 기도하면서 대적하는 것이 좋다.) 때로는 그 과정이 꽤 긴 시간이 될 수도 있지만, 믿음으로 마음을 지키는 것에 우리의 생명이 달려 있으니 포기할 수 없다.

모든 지킬 만한 것 중에 더욱 네 마음을 지키라 생명의 근원이 이에서 남이니라. 잠 4:23

예수 믿기 전과 달리 예수 믿고 죄를 지으면 마음에 애통함과 비참함이 더 심해진다. 성령께서 근심하시고 또 전에는 없던 마귀의 공격이 있어 내 안에서 영적 전쟁이 시작되기 때문이다. 그러면서 '나는 도저히 거룩하게 살 수 없구나.'라는 마음(절망감)과 함께 '회개를 하면 뭐하나? 또 죄를 지을 텐데.' 하는 마귀의 참소가 찾아온다.

그렇게 죄와의 영적 싸움에서 실패와 성공을 반복하다가 애통과 눈물의 압력이 내 안에 충분히 쌓이면 어느 순간 그 죄와 중독이 지긋지긋하고 미워지는 때가 반드시 온다. 성령님께서 은혜를 주셔서 마음을 변화시켜 주기 때문이다. 끊고 싶지만 동시에 그 죄와 중독을 사랑하고 있을 때는 끊어지지 않던 것이 싫고 미운 마음이 들면 이제 자연스럽게 끊어진다.

나 역시 예수님을 인격적으로 만났음에도 세상에서 중독되었던 술, 담배와 음란 동영상을 보는 것이 오랫동안 끊어지지 않았다. 이것들을 끊으려고 기도하면서 회개하고 울기도 참 많이 울었으나 끊었다가 다시 하기를 오랜 시간 반복하였다.

당시 나는 술, 담배가 죄냐 아니냐의 문제로 고민했는데, 어느 날 하나님께서 "술과 담배는 죄가 아니다. 그러나 내가 기뻐하지 않는다."라는 마음을 주셨다. 죄냐 아니냐의 문제로 고민하지만, 중심에는 여전히 사랑하니 오랫동안 끊어지지 않던 것이 기뻐하지 않는다는 말을 듣고는 그렇게 좋던 술, 담배가 싫어지면서 하루아침에 끊어지게 되었다. 거듭난 후 이제 나는 하나님을 기쁘게 하는 사람이 되고 싶었기 때문이다.

음란 동영상도 예수님께서 내 안에 계시는 것이 조금씩 믿어지고 실제가 되면서 그 죄와 중독을 미워하는 마음이 점점 커지게 되었고 그러면서 자연스레 끊어지는 은혜를 주셨다.

하지만 마지막까지 끊어지지 않는 것이 유튜브 영상을 시간 날 때마다 보는 스마트폰 중독이었다. 이것이 끊어지지 않았던 이유는 이건 그냥 재미이고 취미이지 술, 담배나 음란 동영상처럼 죄라는 마음이 들지 않아서이다. 그렇다. 거부감 없이 즐기는 작은 재미는 부지불식간에 우리 영혼 깊숙이 침투할 수 있어 큰 죄보다 영적으로 훨씬 더 무서운 법이다.

그러므로 성경도 큰 여우가 아니라 작은 여우(재미, 중독, 죄)를 잡으라고 말씀하신다. 죄는 아무리 작아도 생명력이 있어 급속하게 커지는 확장성이 있다. 하지만 우리 눈에는 커 보이지 않으니 경각심을 갖지 않게 되고 그 방심의 틈으로 들어와 어느새 성도를 사로잡고 무너뜨린다.

큰 둑이 작은 구멍에 무너지듯이 그렇게 들어온 작은 재미와 죄는 애써 가꾼 포도원(예수님을 향한 첫사랑, 예수님과 사랑의 관계)을 허물고 결국 성도의 시간과 인생을 허비하게 만들어서 무기력하고 무능력한 그리스도인으로 만들어 버린다.

우리를 위하여 여우 곧 포도원을 허는 작은 여우를 잡으라 우리의 포도원에 꽃이 피었음이라. 아 2:15

오늘날 게임과 인터넷, 특히 스마트폰 중독은 대부분 그리스도인이 대수롭지 않게 생각하는 작은 여우일 것이다. 그러나 이것들은 우리의 눈과 귀를 사로잡아 예수님을 생각하지 못하게 하는 마귀의 강력한 수단이기에 오늘을 사는 성도에게 치명적인 도전(挑戰)이 된다. 끊으려고 해 보면 얼마나 심각한 도전이며 중독인 줄 알게 될 것이다. 그러므로 성도도 이 문제를 심각하게 바라보고 응전(應戰)해야 한다. 시대마다 마귀의 공격이 다른데 지금 시대 우리 안에 예수님을 빼앗아 가는 가장 큰 도적은 자기를 즐겁게 하기 위한 세상 재미와 여러 중독이기 때문이다.

세상 성공(돈)으로 유혹하여 하나님을 떠나게 만든다

이처럼 마귀는 세상 사람들을 조정하여 자기 마음(자아)대로 살도록 하고 세상을 사랑하며 살도록 만들고 있다. 그리고 사람들은 그렇게 부추기는 존재가 있는지도 모르고 자기를 위해, 세상을 사랑하며 평생을 살아간다.

반대로 성경은 예수님의 보혈로 구원받은 성도는 세상 사람들과 달리 죄가 사해졌을 뿐 아니라 신분과 목적이 변했다고 말씀하신다. 옛사람(자아)은 십자가에서 이미 죽었고(롬 6:6), 새사람(새로운 피조물)이 되었다고 말씀(고후 5:17)하신다.

그리고 이제는 이 세상이 성도의 고향이 아니니 세상을 사랑치 말고(요일 2:15), 천국을 사모하라고 말씀(히 11:16)하시며 거듭난 성도는 자기를 부인하고 자기 십자가를 지고 예수님을 따르라고 말씀하신다.

무리와 제자들을 불러 이르시되 누구든지 나를 따라오려거든 자기를 부인**하고 자기 십자가를 지고 나를 따를 것이니라. 막 8:34**

그리스도인이라면 이 말씀들을 모르는 사람은 거의 없을 것이다. 다만 그렇게 살고 싶지 않은 마음 때문에 순종하지 않을 때가 많을 뿐이다. 누가 성도에게 그런 마음을 심어 주는가? 거짓의 아비 마귀이다.

신명기(30:11)는 **"내가 오늘 네게 명령한 이 명령은 네게 어려운 것도 아니요."**라고 말씀하심에도 마귀는 말씀대로 사는 것은 어렵고 힘든 일이니 적당히 하고 그보다 네 꿈(자아)을 실현하여 세상에서 성공하라고 말한다. 이를 위해 더 노력하여 탁월해지고, 힘써서 부자가 되고 유명해지라고 말씀과 다른 생각과 마음(탐심)을 성도에게 심어준다.

그러면서 구원을 받기 위해서는 예수를 믿어야 하지만, 세상에서 성공하기 위해서는 세상의 방법을 따라야 한다거나, 말씀대로 사는 것과 세상 성공을 동시에 얻을 수 있다고 속삭이며 세상 성공을 향한 작은 여우를 우리 마음에 풀어놓는다.

말씀은 자아가 이미 죽었으니 부인하라는데 자아를 더 사랑하게 만들고, 말씀은 이제 우리가 이 세상에 속하지 않았으니 세상을 사랑치 말라는데 이미 떠나온 세상을 더 사랑하게 만드는 것이다.

어떤 것이 진리인가? 거듭난 후에는 무엇을 따라 살아야 하는가? 부자가 되고 싶은 마음이 없는 사람이 있을까? 그것은 누구나 가진 마음(본능)이다. 실제로 세상을 살면서 돈은 반드시 필요하고 돈이 많으면 하고 싶은 것을 할 수도 있고 몸과 마음이 편한 것도 사실이다.

하지만 성경은 돈을 사랑함이 모든 악의 뿌리이며 돈을 사랑하면 돈이 우상이 되어 믿음에서 떠나게 된다고 경고하신다.

돈을 사랑함이 일만 악의 뿌리가 되나니 이것을 탐내는 자들은 미혹을 받아 믿음에서 떠나 많은 근심으로써 자기를 찔렀도다. 딤전 6:10

그러므로 여호수아(24:15)가 "**너희 조상들이 강 저쪽에서 섬기던 신들이든지 또는 너희가 거주하는 땅에 있는 아모리 족속의 신들이든지 너희가 섬길 자를 오늘 택하라 오직 나와 내 집은 여호와를 섬기겠노라.**"라고 말한 것처럼 거듭난 성도는 자기(자아)와 세상(돈)을 주인으로 섬길지 아니면 오직 여호와만 섬길지 마음과 태도를 분명히 하는 결단이 필요하다.

영적인 일에 이것도 얻고 저것도 얻는 회색지대는 없고 무엇보다 마음과 뜻을 정하는 것은 하나님께서 해 주시지 않고 우리가 해야 하기에 그렇다.

세상에서 꿈(자아)을 실현하며 탁월해지고 성공하는 것이 나쁘다는 말도 모든 것을 내려놓고 가난하게 살라는 말도 아니다. 성도가 세상에서 성공하여 그 영향력으로 복음을 전하고 사는 것은 좋은 일이다. 그러나 세상 성공(돈과 명성)은 말씀대로 살다가 하나님께서 주시면 감사한 것이지, 성공이 성도의 목적이 되면 안 된다는 의미이다.

시험을 볼 때 좋은 점수를 받기 위해서는 출제자의 의도를 파악해서 답을 쓰는 것이 가장 중요하다. 우리가 구원을 받을 때 예수님께서 우리에게 원하셨던 것은 행함이 아니라 마음(믿음)이었다. 마찬가지로 거듭난 후에 원하시는 것도 세상에서 어떤 성공을 했느냐가 아니라 어떤 마음으로 살았느냐이다. **"사람은 외모를 보거니와 나 여호와는** 중심을 **보느니라."**라는 사무엘상(16:7) 말씀처럼, 하나님은 항상 우리 마음에 감추어진 동기를 보시기 때문이다.

가령 십자가 은혜로 인해 얼마나 못된 자아와 은밀한 죄를 버렸느냐, 은혜 때문에 내게 잘못한 사람을 용서하고 사랑했느냐, 돈을 얼마나 많이 벌었느냐가 아니라 얼마나 정직하게 벌고 하나님의 밭에 기쁨으로 심었느냐는 것을 보길 원하신다. 그리고 마지막 심판 때에도 그것을 기준으로 판단하실 것이다.

하지만 타락 후 인간은 왜 돈을 많이 벌고, 세상에서 왜 성공해야 하는지 분별하지 않고 마귀가 던져 주는 세상 성공을 향한 탐심(욕심)을 품고 대대로 살아왔다. 다른 사람 떠올릴 것 없이 우리의 지난 삶을 돌아보면 어릴 때부터 좋은 대학에 가서 성공하려고 얼마나 열심히 공부했던가? 졸업 후에는 좋은 직업과 직장을 얻어 돈을 많이 벌기 위해 노심초사했고, 결혼 후 자녀를 낳으면 자녀의 성공을 위한 염려와 불안이 끊이질 않는 것을 본다. 교회는 다니지만, 여전히 내가 바라는 것도 세상 성공이고 자녀에게 바라는 것도 세상 성공이니 성공을 향한 탐심과 그로 인한 염려는 대(代)를 이어 전해진다.

과거에 내가 한의원을 처음 개원할 때도 그랬지만, 보통 성도들이 직장과 사업을 처음 시작할 때는 하나님을 위해 일하고 싶다는 마음을 갖는다. 그런데 하다 보니 일이 많아져서 분주해지고, 더 잘해서 키우고 성공하고 싶은 마음(탐심)이 들어서 일을 더 열심히 하게 된다. 그러면서 예전처럼 기도와 말씀 생활도 하지 않으면서 생활의 분주함에 빠져 살게 된다.

145

열심히 하니까 노하우가 생겨 가게에 손님도 많아지고, 승진도 하면서 수중에 돈이 많아지면, 이것들이 모두 내 것이고, 하나님 없이도 할 수 있겠다는 교만이 슬그머니 찾아온다. 마귀가 세상 성공으로 성도의 마음에 예수님을 빼앗아 가는 과정이 보통 이렇다. 돌아보면 첫 개원 때 내 실상도 다르지 않았다. 분명 예수님을 위해, 전도하기 위해 시작한 일인데 전도도 했지만, 어느 순간 예수님이 아니라 개원 성공과 돈이 목적이 되어 있었다.

직장과 사업은 중요하다. 그러나 그것 때문에 예수님을 잃어버리면 그것은 더 이상 중요한 일이 아니라 오히려 내 영혼을 망하게 하는 것이다. 자기 부인이 선행되지 않은 세상 성공과 돈 버는 재미는 잠시 나를 행복하게 할지 모르지만, 결국에는 믿음의 길에서 이탈시켜 지옥으로 끌고 가려는 마귀의 속임수요 미끼이다.

하지만 세상 성공을 위해 자기를 괴롭히면서까지 노력한들 거기에 행복이 있던가? 얻지 못하면 원망, 불평하고 얻은들 거기에 참 만족이 있던가? 돈이 많으면 행복해질 것이라는 유혹에 속은 인간은 1억을 모으면 10억을 모으고 싶고, 10억을 모으면 100억을 모으고 싶어 한다. 그러나 돈 때문에 건강을 해치고 심지어 부모 자식과 부부, 형제 사이가 망가져도 돈을 향한 탐심은 버려지지 않고, 채워도 채워도 죽을 때까지 탐심은 채워지지 않는다. 탐심은 그래서 무서운 것이다.

그들에게 이르시되 삼가 모든 탐심을 물리치라 사람의 생명이 그 소유의 넉넉한 데 있지 아니하니라 **하시고. 눅 12:15**

앞서 읽은 디모데전서 말씀처럼 돈을 사랑하면 더 벌고 싶은 탐심과 가진 것을 지키려는 염려가 끊임없이 자기를 찌르며 괴롭히다가 결국 하나님을 향한 믿음과 구원도 빼앗아 간다. 그러므로 예수님께서 이 땅에 오셔서 하신 말씀 중에 가장 많이 언급하신 것도 돈에 관한 말씀이었다. (돈과 투자가 나쁘다는 것이 아니라, 우리 마음에 하나님보다 더 사랑하는 돈을 향한 탐심과 염려를 말씀하신 것이다.)

우리는 이 땅에서 영원히 사는 것이 아니라 마치 시한부 인생처럼 정해진 기한이 있다. 그러나 이 땅의 성공은 무엇을 가졌든, 얼마를 가졌든 죽어서 가져가지 못하기에 허무하다. 오히려 성도의 영원한 소유는 세상에서 무엇을 가졌느냐가 아니라 하루하루 어떤 마음으로 살았느냐에 따라 결정된다. 성도가 세상 성공보다 내 마음(자아)에 관심을 두고 살아야 하는 이유도 나중에 하나님 앞에 섰을 때 하나님은 내 마음의 중심을 보고 심판하실 것이기 때문이다.

성도에게 고난이 있는 이유

하나님은 우리 아버지시니 우리의 모든 필요를 알고 채우신다. 문제는 우리가 그 아버지 하나님을 믿지 못하기에 날마다 무엇을 먹을까? 무엇을 입을까? 이 문제를 어떻게 할까? 염려하면서 살아가는 것이다. 그러므로 예수님께서 이 땅에서 오셔서 가르쳐 주신 것도 우리를 먹이고 입히시는 아버지 하나님을 향한 믿음을 가지라는 말씀이었다.

하나님께서 우리의 필요를 채우시지만, 사실 우리를 향한 하나님의 진정한 관심은 무엇을 먹을까, 입을까 하는 몸의 필요보다 우리 영혼(마음)의 변화와 성장, 성숙 다시 말해 거룩이다. 하나님이 보시는 우리의 정체성은 육체가 아닌 영혼이기에 그렇다.

그래서 문제를 만났을 때 '이 문제를 어떻게 해결할까요?'라는 기도에는 응답이 더딜 때가 있지만, 미움과 분노가 있을 때 '네가 먼저 용서해라.', 불안할 때 '내가 함께 있으니 염려하지 말아라.' 같은 마음의 응답은 빨리 임하는 것이다.

교회 다닌 지 오래되어도 하나님의 이 관심을 알지 못하고 마귀에게 속아 자아와 세상이 전부인 줄 알고 살면서도 그것이 문제라는 것을 깨닫지 못하면 마치 아이가 태어났으나 자라지 못하면 부모의 근심이 되듯 하나님의 근심이 된다.

그러면 하나님께서 성도에게 '고난'을 허락하기도 하신다. "**육신은 멸하고 영은 주 예수의 날에 구원을 받게 하려 함이라.**"라는 말씀(고전 5:5)처럼 돈과 건강, 관계의 문제를 허락하셔서라도 내 영혼이 구원받기를 원하신다. 사람은 고난을 만났을 때 자기가 진짜로 사랑하고 의지하는 것이 무엇인지 그대로 드러나기에 자기 모습을 깨닫고 돌이키기를 원하시는 것이다. (이뿐 아니라 고난은 하나님께 받은 돈이나 건강을 잘못 관리해서 생긴 것, 죄로 인한 것, 마귀가 예수 믿지 못하게 하려고 주는 것, 하나님의 뜻대로 살다가 당하는 고난 등 여러 가지가 있으므로 고난이 있을 때는 바른 점검이 필요하다.)

내가 만났던 환우 중에도 교회는 다녔지만 제대로 믿지 않다가 암에 걸리고 나서 다시 하나님을 만난 분이 여럿 계셨다. 그분들 중에는 병이 호전되지 않고 고통이 더 심해지는 상황에서도 "원장님 제가 혹시 암으로 인해 죽을 수도 있지만, 이 병이 아니었으면 아마 죽을 때까지 하나님을 제대로 몰랐을 겁니다. 세상 것들만 추구하며 살다가 영영 하나님을 모르고 죽을 수도 있었는데, 병을 통해 하나님을 만났고, 오늘 죽어도 천국 갈 수 있다는 믿음이 생겼으니 오히려 감사합니다."라고 고백하며 큰 감동을 주신 분이 계셨다.

이처럼 비록 내 문제 때문에 허락하신 육체의 고난이라도 그것은 내가 미워서 주는 '징벌'이 아니라 오히려 내 영혼을 얻으시려는 더 큰 '사랑'이라는 것을 결코 잊으면 안 된다.

하나님은 우리를 축복하길 원하시나, 우리 안에 하나님보다 더 사랑하는 것(우상)과 죄가 있으면 공의로운 분이라 축복하실 수 없다. 그래서 고난을 통해서라도 우리 안에 불순물을 깨끗하게 한 후에 축복하길 원하시는 것이다. 이는 마치 사랑하는 자식이 잘못하면 부모가 매를 들어 훈계하듯 지금 잘못하고 있으니 그렇게 살지 말고 돌이키라고 주시는 사랑의 '징계'와 같은 것이다.

대저 여호와께서 그 사랑하시는 자를 징계하시기를 마치 아비가 그 기뻐하는 아들을 징계함 같이 하시느니라. 잠 3:12

더불어 야고보서(5:13)는 "**너희 중에 고난 당하는 자가 있느냐 그는 기도할 것이요 즐거워하는 자가 있느냐 그는 찬송할지니라.**"라고 말씀하신다.

고난을 만났을 때 하나님께 나와 기도하라고 말씀하신 이유는 기도하면 이 문제를 해결해 주시든지, 아니면 내 마음이 변화되어 이길 힘이 생기든지 무언가 새로운 변화가 생기기 때문이 아닐까?

하지만 고난으로 인해 힘들어하면서도 정작 많은 사람이 기도하지 않는 것을 본다. 만난 문제를 내가 처리할 수 있다고 생각하니 기도하는 대신 여기저기 방법을 알아보는 것이다. 하나님의 도움이 필요할 정도로 아직은 그렇게 절박하지 않은 것이다.

그러면 하나님께서 우리를 더욱더 절망적인 환경으로 몰고 가셔서 우리 마음을 간절하게 하실 때가 있다. 사방이 막혀 꼼짝할 수 없는 상황으로 몰고 가셔서 "이 문제의 주인이 누구냐?", "네 생각과 방법대로 할 수 있는 일이 있더냐?"라고 물으시며 우리로 하여금 두 손을 들고 항복하게 하신다.

하나님께서 우리를 사랑하시고 우리의 모든 문제를 해결해주실 수 있음에도 우리에게 항복(기도)을 요구하시는 이유는 우리를 괴롭히려는 것이 아니다. 온 우주에서 딱 하나 하나님의 마음대로 못 하시는 것이 바로 우리 마음이기에 우리 마음(동의, 믿음, 순종, 감사, 사랑)을 원하시는 것이다.

"그렇습니다. 내 모든 것이 내 것인 줄 알았는데, 내가 아니라 하나님이 주인이십니다. 무엇보다 이 문제를 저는 해결할 수 없습니다. 하지만 하나님은 하실 수 있으니 당신께 기도합니다. 불쌍히 여기사 도와주소서. 긍휼히 여겨 주소서. 그러나 결과는 하나님께 맡깁니다. 설령 내 뜻대로 아니 하셔도 순종하겠습니다. 그것도 저를 사랑해서 주시는 것일 테니 감사만 하겠습니다."라는 고백과 동의를 원하신다.

고난을 만나 원망, 불평할 수 있음에도 마음을 지켜 드린 이런 고백은 온 우주에서 오직 성도만 드릴 수 있는 고백이다. 하나님은 이런 고백을 통해 영광을 받으시고 눈물 흘리며 감동하신다. 이 고백을 받기 위해 태초에 우리에게 자유를 주신 것이기 때문이다.

하지만 항복은 비참한 굴복이 아니다. 오히려 사랑이고 쉼이며 능력이다. 맡긴다고 해서 하나님께서 내가 하고 싶은 것을 못 하게 하거나 가진 것을 다 내놓으라고 하지 않으신다. 혹 그럴 때도 있는데, 실은 더 좋은 것을 주시기 위한 하나님의 사랑이다. 세 살짜리 아이가 칼을 달란다고 순순히 내주는 부모는 없듯이 때로는 내가 원하는 것을 주시지 않는 것도 그 소원이 결국 내게 유익하지 않기 때문이다. 그것을 아시는 하나님께서 내가 구하는 것보다 더 좋은 것, 실은 가장 좋은 것(= 영혼의 구원, 영적인 것, 성령님)을 주시려는 것인데, 우리는 당장 눈에 보이는 육신의 것만 구하니 그 사랑을 깨닫지 못할 때가 너무나 많다.

그리고 "내 뜻대로 안 되어도 순종하겠습니다."라고 고백하며 맡기는 그 순간 비로소 염려가 사라지고 평안이 내게 찾아오는 것을 경험하게 된다. 앞서 나눈 대로 염려는 내 뜻대로 내가 하려고 해서 생기는 것인데, 이제는 내 뜻(자아)을 내려놓고 하나님께 맡기니 육신의 생각인 염려가 사라지고 영의 생각인 평안이 찾아오는 것이다.

너희 염려를 다 주께 맡기라 이는 그가 너희를 돌보심이라. 벧전 5:7

육신의 생각은 사망이요 영의 생각은 생명과 평안이니라. 롬 8:6

무엇보다 내 뜻대로 아니 하셔도 순종하고 감사하겠다고 결단하는 그 순간부터 비로소 하나님께서 내 문제에 역사하신다. 성경(출 14:14)은 **"여호와께서 너희를 위하여 싸우시리니 너희는 가만히 있을지니라."**라고 말씀하셔도 그동안은 기분 나쁘고 자존심 상한다고 내가 나서서 싸우고, 하나님께 물어보고 응답받기 전에 내 마음대로 다 해 버리는 바람에 하나님께서 일하실 틈이 없었으나 이제는 내 뜻과 욕심을 내려놓고 결과도 하나님께 맡기니 하나님께서 일하기 시작하는 것이다.

하지만 성도가 하나님께서 싸우시도록 맡기고 가만히 기다리지 못하는 이유도 맡겼다가 내 뜻대로 안 되고 실패할까 봐 두려워서이다. 뿌리 깊은 자기 신뢰의 자아가 하나님을 신뢰하지 못하게 막아서는 것이다.

내가 아는 선교사님이 일본에 처음 가셨을 때 예상치 못한 지출로 가져간 돈이 다 떨어져서 한국에 도움을 청하려다가 하나님께 맡기고 기도만 하기로 하셨다고 한다. 아이들에게 먹일 쌀이 떨어져 가는 절박한 사정을 아무에게도 말하지 않았는데, 신기하게 며칠 후부터 일본 사람들이 집 앞에 쌀과 먹을 것을 두고 가면서 위기를 벗어났고 그 위기를 통해 살아계신 하나님을 경험하게 되었다는 간증을 들은 적이 있다.

이처럼 다른 사람에게 말하지 않고 모든 것을 하나님께 맡기고 기도만 해도 하나님은 나를 먹이시는가? 내가 나서서 억울함을 호소하며 싸우지 않아도 하나님께서 이 문제를 해결하시나? 하는 믿음의 올인(All In), 믿음의 실험은 성도라면 반드시 경험해야 한다. 실험을 통해 하나님께서 일하신 체험이 있어야 비로소 하나님을 향한 믿음이 생겨나기 때문이다.

 하나님께 맡기고 기도만 했는데 기적적으로 문제가 해결되면 내가 한 것이 없기에 우리는 하나님께서 하셨다는 것을 깨닫는다. 그러면서 '아 하나님은 정말로 살아 계시는구나.' 무엇보다 '그분은 나보다 나를 더 잘 아시고, 나보다 나를 더 사랑하는 내 아버지시구나.'라는 것을 깨닫고 뜨겁게 눈물 흘리게 된다.

 그렇게 하나님을 향한 믿음과 신뢰가 생기면서 기도와 삶이 점점 변해 간다. 일방적으로 내 뜻을 이뤄 달라던 기도에서 "이 문제를 하나님은 어떻게 생각하세요? 제가 어떻게 하길 원하세요?"라고 하나님의 뜻을 묻게 된다. 그러면서 내 뜻과 달라도 순종하게 되고, 소원대로 안 되어도 감사하게 된다. 하나님을 신뢰하게 되니 하나님의 뜻대로 되는 것이 내게도 좋다는 것을 조금씩 깨닫기 때문이다. 그렇게 자아를 버리고 차츰 말씀대로 살아가게 된다. (그렇다. 자아가 굴복되어 말씀대로 살아지는 것이 바로 거룩이고, 성령 충만이다. 기도도 내 뜻이 이뤄질 때까지 하는 것이 아니라 하나님의 뜻(말씀)에 내 뜻이 굴복될 때까지 하는 것이다.)

 이처럼 고난은 분명 육신으로는 고통스럽지만, 영으로 보면 오히려 영혼이 깨어나는 축복의 통로이다. 고난을 통해 성령님께서 내 옛사람(자아)을 꺾고 하나님을 향한 믿음을 주셔서 말씀(율례)대로 살 수 있게 해 주시기 때문이다.

> **고난 당한 것이 내게 유익이라 이로 말미암아 내가 주의 율례들을 배우게 되었나이다.** 시 119:71

반대로 마귀는 사람들에게 성공은 좋은 것이고, 고난은 실패이며 부끄러운 것이라는 마음을 심어준다. 그리고 성도들 역시 은연중에 이런 생각을 가지고 살아간다. 그러나 세상 사람들과 달리 성도의 실패와 위기는 고난의 때가 아니라 오히려 성공하고 만사가 형통할 때 찾아오는 경우가 많다. 고난의 때엔 겸손하게 하나님만 찾고 의지하지만, 성공하면 마귀가 겸손하도록 놔두질 않아서 그렇다.

이스라엘 백성도 광야에서 가진 것이 없을 때는 큰 문제가 없었으나 가나안에 들어가서 땅을 얻고 살 만해지자 더 많이 가지고자 풍요를 가져다준다는 바알 신을 숭배하면서 하나님을 잃어버린다. 그들이 하나님을 아주 떠난 것은 아니었다. 하나님과 바알을 동시에 섬겼을 뿐이다. 그러므로 하나님께서 그들을 바벨론 포로로 잡혀가게 하신다.

애굽(세상)에서 건져내어 광야(세상과 죄를 버리는 영성 훈련)를 거쳐 가나안(하나님께서 주인인 나라)에 들어가게 하셨지만, 이미 떠나온 세상을 여전히 사랑하며 하나님의 백성처럼 살지 못하니 바벨론이라는 광야의 훈련장으로 다시 내보낸 것이다. 거기서 그들에게 필요한 것은 세상 성공(돈)과 형통이 아니라 오직 하나님 한 분임을 다시 가르쳐 주셨다.

같은 이유로 하나님께서 오늘날 성도에게도 실패와 결핍의 광야를 주셔서 하나님보다 더 사랑하고, 신뢰하는 것을 깨닫고 버리게 하신다. 조금이라도 높아졌던 마음을 낮추시고 하나님의 명령(말씀)에 순종하게 만드는 것이다.

네 하나님 여호와께서 이 사십 년 동안에 네게 광야(廣野) **길을 걷게 하신 것을 기억하라 이는** 너를 낮추시며 **너를 시험하사** 네 마음이 어떠한지 그 명령을 지키는지 **지키지 않는지 알려 하심이라. 신 8:2**

잘나가던 사업이 어려움을 만나 그동안 하나님보다 돈을 더 사랑했던 것을 깨달아 회개하게 하시고, 건강을 자신했던 몸이 아프면서 믿었던 육신은 아무것도 아니고 그동안 건강했던 것은 하나님의 은혜였다는 것을 깨닫고 다시 하나님을 찾도록 하신다.

하나님보다 사랑하고, 하나님 없이도 할 수 있다는 교만이 고난을 통해 낮아져 다시 하나님을 찾게 되니 은혜이고, 물이 높은 곳에서 낮은 곳으로 흐르듯 낮아진 마음에 하나님의 은혜가 다시 임하니 고난은 분명 은혜이다.

고난이 은혜라는 고백은 우리 부부의 고백이기도 하다. 우리는 늦게 결혼하기도 했지만 결혼 10년 동안 아직 아이가 없다. 검사상 둘 다 아무 문제가 없고 간절히 바라지만 생기지 않았고 어렵게 가졌던 아이도 두 번의 유산으로 잃는 아픔을 겪었다. 두 번째 아이를 잃었던 날은 슬픔을 억누를 길이 없어 태어나서 그렇게 울어본 적이 없을 정도로 통곡하였다.

남들처럼 평범하게 아이를 낳고 기르고자 하는 소원이 끊어져 낙심(원망)하던 즈음 어느 날, 성령님께서 "예수님의 십자가 보혈로 얻은 천국으로 충분하지 않느냐?"라는 음성을 내 마음에 주시는 것 같았다. 간절히 아이를 원했는데, 뜬금없이 천국이라니 뜻밖의 물음에 나는 잠시 당황하였다.

그러나 곧 "그렇습니다. 구원보다 더 큰 선물은 제게 없습니다. 영원한 생명을 주게 빚졌는데 고작 이 땅의 것이 없다고 낙심하고 원망했네요. 용서하소서. 이미 주신 구원으로 충분하고 예수님 한 분으로 충분합니다. 이제는 구원받은 자답게 항상 기뻐하고 감사하며 살겠습니다."라고 울며 고백하지 않을 수 없었다.

그렇게 마음을 먹자 아이러니하게 육신의 소원이 좌절된 자리가 천국 소망이 선명해지는 자리로 변하였다. 더불어 주지 않으신 이유를 아직도 잘 모르지만, 그분이 안 주셨다면 그조차 내게 가장 좋은 것으로 주셨고, 결국에는 감사의 제목이 되게 하실 것을 믿어지게 하셨다.

너희가 악한 자라도 좋은 것으로 자식에게 줄 줄 알거든 하물며 하늘에 계신 너희 아버지께서 구하는 자에게 좋은 것으로 주시지 않겠느냐. 마 7:11

비록 아이는 없지만, 이 문제를 통해 오랫동안 기도하게 하시더니 교만을 꺾고 구원의 하나님으로만 기뻐하고 감사하는 법을 배우게 하셨으니 고난이 우리에게도 은혜였음을 고백한다. 할렐루야!

비록 무화과나무가 무성하지 못하며 포도나무에 열매가 없으며 감람나무에 소출이 없으며 밭에 먹을 것이 없으며 우리에 양이 없으며 외양간에 소가 없을지라도 나는 여호와로 말미암아 즐거워하며

나의 구원의 하나님으로 말미암아 기뻐**하리로다.** 합 3:17~18

분별하고 깨어 있어야 한다

이상으로 마귀가 우리 마음에 어떤 일을 하고 있는지 살펴보았다. 마귀의 일을 깨닫고 보니 전도하면서 들었던 질문들 역시 사람들의 생각과 마음에 마귀가 뿌려놓은 가라지임을 알게 되었다.

하지만 세상 사람들은 이미 마귀에게 속하여 이것을 분별할 힘도, 싸워 이길 힘도 없으므로 분별하는 것은 우리 성도의 몫이다. 다만 싸움은 숨어 있는 마귀의 권세가 무너지도록 기도로 싸워야지 세상 사람들과 싸워서는 안 된다.

우리의 씨름은 혈과 육을 상대하는 것이 아니요 통치자들과 권세들과 이 어둠의 세상 주관자들과 하늘에 있는 악의 영들**을 상대함이라.** 엡 6:12

2부를 쓴 이유도 믿음이 약한 초신자나 다음 세대 청년과 청소년을 돕기 위하기 위한 것이지 책의 지식으로 다른 종교와 이단 그리고 진화론과 무신론을 믿는 사람들과 싸우라는 것이 아니다.

예전에 나도 이단에 속한 사람이나 진화론을 믿는 사람들과 논쟁도 해 봤지만, **"어리석고 무식한 변론을 버리라 이에서 다툼이 나는 줄 앎이라."**라는 디모데후서(2:23) 말씀처럼 변론과 논쟁은 더 큰 다툼을 일으킬 뿐이었다. 설령 논쟁에서 이겼더라도 그들은 기분만 나빠할 뿐 돌이키지 않았다.

마귀는 항상 옳고 그름과 시비(是非)를 따지는 과정에 역사하여 서로 마음을 상하게 만들고 싸우게 만들기 때문이다. 그러므로 이것은 육신에 속한 싸움이 아니라 영적인 싸움이다. 부디 이것을 잘 분별하고 영적 싸움에서 승리하여 하나님의 이름이 여러분을 통해 영광을 얻으시길 소망한다. 할렐루야!

"교회 다녀도 개차반처럼 사는 사람이 많은데 예수 믿는다고 천국 가고, 안 믿는 사람 중에 착하게 사는 사람도 많은데 안 믿었다고 지옥에 가는 건 너무 불공평한 거 아닌가요?"

"교회가 세상의 소망이 되기보다 오히려 근심과 조롱의 대상이 되는 것은 아닌가요?"

"교회 다녔었는데 ○○ 집사, ○○ 장로 때문에 상처받아서 이제는 안 다닙니다."

자기들도 제대로 못 살면서, 웬 전도?

(feat. 위기의 한국 교회)

오늘은 입원 환우 중에 이은실(가명) 님과 전도 만남이 있는 날이다. 오랫동안 전도할 시간을 달라고 부탁드려도 거절하다가 내주신 시간이라 소중하게 생각하고 준비하였다.

오영리 전도지를 펼쳐서 막 복음을 전하려는데 갑자기 교회 다녀도 개차반처럼 사는 사람이 많은데 예수 믿는다고 전부 천국 가고, 교회 밖에 착하게 사는 사람도 많은데 안 믿는다고 지옥에 간다면 너무 불공평한 거 아니냐고 말씀하시는데 순간 말문이 탁

막혀 버렸다.

전도하면서 믿지 않는 분에게 이런 말을 듣게 된 현실이 가슴 아프지만, 그분 말씀이 모두 틀린 것은 아니기에 마음이 더 아팠다.

하신 말씀처럼 요즘은 일부 잘못된 목회자의 성(性) 스캔들과 큰 교회 세습 문제 그리고 교회 재정(돈)을 마음대로 사용하고 횡령하는 문제들을 뉴스에서 왕왕 보게 된다. 특히 얼마 전에는 16개월밖에 안 된 아기가 입양되어 양모에게 맞아 죽었는데 알고 보니 양모가 교회에 다니는 사람이었다는 것을 들었을 때는 정말 가슴 아팠다.

교회 다니는 사람들의 행실이 이런 지경에 이르렀기에 요즘은 세상 사람들이 교인을 향해 '개독'이라 부르며 하나님의 이름을 조롱하는 것도 쉽게 볼 수 있다. 성도 중에도 '교회가 세상의 소망이 되기보다 오히려 근심과 조롱의 대상이 된 것은 아닌가?' 하고 낙심하여 교회 다니는 것을 부끄럽게 여기거나 교회를 떠나는 젊은이가 많은 것도 사실이다.

이것은 하나님의 잘못일까? 그렇지 않다. 이것은 온전히 하나님을 믿는 우리의 잘못이다. 우리가 제대로 믿지 않았기에 하나님의 이름이 세상에서 영광을 받기보다 오히려 모독을 받는 지경에 이르렀다.

기록된 바와 같이 하나님의 이름이 **너희 때문에 이방인 중에서 모독을 받는도다. 롬 2:24**

초대교회 시대에는 세례를 줄 때 옛사람(자아)은 십자가에서 죽고 이제 예수를 위해 순교할 믿음이 있는지 확인하고, 그 믿음에 따른 삶의 변화가 있는지 최소 3년은 관찰한 후에 세례(롬 6:3~5)를 주었다고 한다. 그리스도인이 되기가 무척 어려웠던 것이다. 그러나 지금 교회는 나는 죽고 예수로 사는 거듭남의 믿음이 없는 사람에게도 입교 후 일정 시간이 지나면 세례를 행하고 집사, 장로 직분을 주며 심지어 목회자가 되는 것도 가능하게 되었다.

여기에 더해 우리나라뿐 아니라 전 세계적으로 개신교가 확장되는 과정에서 예수를 믿기만 하면 구원뿐 아니라 이 땅에서도 복을 받는다는 기복(祈福)적인 설교와 가르침이 크게 유행하였다. 아주 틀린 말은 아니지만 자기 부인의 복음이 아니라 복음에 세상 성공의 가라지를 섞어서 가르쳤던 것이다.

그러다 보니 예수를 믿는다는 것의 참 의미를 모르고 마치 천국에 갈 수 있다는 보험도 들고, 이 땅에서도 잘 살고 싶은 마음에 사람들이 교회에 몰려들었다. 그렇게 교회 안에 신실하게 믿는 사람, 교회는 다니지만 아직도 자아로 살며 성숙하지 못한 사람, 교회는 다니나 정작 예수는 믿지 않는 사람 등 여러 부류가 생겨 났다. 교회가 외적인 성장에 눈이 멀어 성도들의 내적인 변화에 신경을 쓰지 못한 결과이다.

전도하다 보면 "전에 교회 다녔는데 ○○ 집사, ○○ 장로, 심지어 ○○ 목사 때문에 상처받아서 이제는 안 나갑니다."라는 말을 종종 듣는다. 교회에는 다니지만, 아직 성숙하지 않거나 실제로는 예수를 믿지 않는 사람들에게 상처를 받은 것이다. 그리고 그들의 행실이 교회 밖으로까지 드러나면서 교회에 대한 사람들의 불신과 적대감도 점점 커지게 되었다.

그리고 위 환자의 의문처럼 죄를 짓거나 각종 사건 사고 뉴스에 나오는 분들 역시 예수님을 믿기에 그렇게 살면서도 구원을 받는다고 생각할지도 모르겠다. 하지만 과연 그러할까?

교회 다니고 예수를 믿는다고 해서 모두가 구원을 받는 것은 아니다.

예수님은 마태복음 25장에서 양과 염소의 비유를 들려주셨다. 흔히 양을 교회 다니는 성도, 염소는 교회 다니지 않는 사람이라고 이해하는데, 양과 염소는 모두 교회에 다니는 사람이다. 즉, 교회 안에 참 성도(양)와 가짜 성도(염소)가 있고, 지옥 가는 가짜 성도와 목회자도 있을 수 있다는 것이다.

또 예수님은 교회에 다니면서 예수님을 "주(主)여, 주(主)여!"라고 부른다고 해서 모두 천국에 가는 것은 아니라고 직접적이고 분명하게 말씀하셨다.

나더러 주여 주여 하는 자마다 천국에 다 들어갈 것이 아니요 **다만 하늘에 계신 내 아버지의 뜻대로 행하는 자라야 들어가리라. 마 7:21**

하늘에 계신 아버지의 뜻대로 행하는 사람은 어떤 사람일까? 하나님의 뜻이 기록된 성경 말씀에 순종하려는 사람, 십자가 구원의 은혜로 인해 그동안 짓던 죄와 못된 행실을 버리고 거룩하게 살고자 발버둥 치는 사람을 말한다.

그렇다고 예수 믿으면 죄를 짓지 않는다고 오해하지 않았으면 한다. 예수 믿는 사람도 육체의 본능이 있기에 실수할 수 있고,

죄를 지을 수 있다.

그러나 진짜로 예수 믿는 사람이라면 죄를 깨달았을 때 하나님께 회개하고 돌이키며 잘못한 사람에게도 용서를 구하게 되어 있다.

2007년 개봉한 영화 〈밀양〉에서 여주인공이 아들을 고의로 죽인 버스 기사를 용서하기 위해 어렵게 찾아간다. 그런데 버스 기사가 여주인공에게 자기는 교도소에서 하나님을 만나 회개했으니 이제는 용서를 받았다고 당당하게 말하는 장면이 나온다. 그 장면을 보면서 감독이 기독교를 모르거나 아니면 악의를 가지고 만든 것 아닌가 하는 생각을 한 적이 있었다.

감독은 아마 교회 다니는 사람들의 뻔뻔함을 말하고 싶었는지도 모르겠다. 하지만 감독이 놓친 것이 하나 있는데, 버스 기사가 정말로 예수님을 만나 용서를 받았다면, 어렵게 찾아온 피해자에게 무릎을 꿇고 진심으로 용서를 구했을 것이다. 구원받았음이 진짜로 믿어지고 성령께서 그 안에 계신다면 그렇게 행동할 수는 없기 때문이다. 예수를 믿었으니 진정으로 회개하지 않고 아무렇게나 살아도 구원을 받느냐는 질문에 성경은 그렇지 않다고 분명하게 말씀하시는 것이다.

문제가 있는 사람들이 교회 안에 있는 것이 사실이지만, 대부분 교회와 성도는 교회가 우리나라에 들어온 100여 년 전부터 대한민국을 위해서 빛과 소금의 역할을 감당해 왔다.

개항기에는 선교사님들이 복음을 가지고 들어오면서 학교와 병원 그리고 고아원을 세워 이 땅의 대중 계몽과 구제 그리고 근대화에 기여했다. 일제강점기인 1919년 3.1 만세운동이 번지기 시작했을 때는 민족대표 33명 중 무려 16명이 목사와 장로 등 개신교인이었으며, 이 운동으로 감옥에 투옥된 인원 중 22.4%가 개신교인이었다.

당시 개신교인은 약 15만 명으로 우리나라 인구의 약 1%에 불과했음에도 일제의 압제에 아무도 나서지 않을 때 성도들이 자기와 가족을 돌보지 않고 나라를 위해 앞장섰었다.

인간에게 주신 자유를 중요하게 생각하는 교회는 자유를 억압하는 공산주의와는 공존할 수 없다. 그러므로 6.25 전쟁 때도 많은 목사님과 성도들이 자유민주주의와 신앙을 지키다가 죽임을 당했다. 최근 밝혀진 연구에 의하면 북한군이 북으로 퇴각하는 과정에서 교인이라는 이유로 전라도에서만 최소 1,026명이 학살을 당했다고 한다. 전쟁의 모든 시기와 다른 지역까지 모두 합치면 이 숫자는 훨씬 더 많을 것이다.

북한의 김일성 주체사상을 만들고 1997년 월남한 고(故) 황장엽 씨에 따르면 당시 남한의 각 분야에 북한이 심어 놓은 고정간첩이 무려 5만 명이 넘는다고 하였다. 북한은 그런 상황에서도 남한이 적화되지 않는 여러 이유 중 하나가 천만 명에 가까운 교인과 교회 때문이라 보고 간첩을 운동권과 노동계, 언론과 교육계, 입법과 사법부뿐 아니라 교회에도 침투시켜 교회(특히 사회적으로 이슈화시키기 좋은 대형 교회)를 무너뜨리는 것이 대남 적화 전략 중 하나라고 하였다. 그의 말대로라면 우리가 깨닫지 못하던 사이 교회가 대한민국의 자유를 지키는 버팀목이 되고 있었던 것이다.

또한 교회는 대한민국 곳곳에서 구제와 봉사를 묵묵히 감당하고 있다. 서울역이나 파고다 공원 같은 곳에서 노숙자들에게 무료 식사를 나눠 주는 분들은 거의 개신교 성도들이며, 정부에서 미처 관심을 갖지 못하는 고아원, 양로원과 병원에서 자원봉사하는 분도 개신교인이 압도적으로 많다.

보건복지부에 따르면 우리나라 전체 민간 복지 법인의 수는 개신교(178개), 천주교(157개), 불교(102개), 원불교(83개) 순으로 기독교 즉 개신교와 천주교가 전체 64%를 넘는다. 다만 오른손

이 하는 선행을 왼손이 모르게 하라는 성경말씀대로 드러내지 않아서 사람들이 잘 모를 뿐이다.

일부 교인과 목회자의 일탈이 뉴스에 보도되면서 묵묵히 신앙생활을 하는 대부분 교회와 성도들까지 함께 욕을 먹는 상황이 안타까워서 모두가 그렇지는 않다는 것을 알리기 위해 교회가 우리나라에 들어온 때부터 지금까지 대한민국에 기여한 일들을 열거하며 부득불 변명을 해 보았다.

더불어 지금 시대는 컴퓨터와 인터넷을 기반으로 한 4차 산업 및 정보화의 시대이며 동시에 혐오와 조롱의 시대이다. 대수롭지 않은 사건에 달리는 거친 악플들을 보면 이를 잘 알 수 있다. 얼마 전 미국의 한 보고서에 따르면 약 3,600개에 이르는 인터넷 커뮤니티에서 1%에 해당하는 사용자가 전체 74%에 해당하는 악성 댓글과 분탕 글을 쓰고 있다는 연구 결과가 있었다. 익명성의 가면 뒤에 숨은 소수가 강력한 주장을 하면서 여론을 선동하는 시대가 된 것이다.

이를 우리나라에도 적용해 보면 만약 교회를 극도로 싫어하는 사람이 전체 인구의 1%가 있다면, 그들은 각종 SNS와 커뮤니티에 교회에 대해 좋은 소식보다는 좋지 않은 소식만 퍼 날라 교회를 향한 혐오를 조장하려고 할 것이다. 내가 활동하는 커뮤니티들에도 하루에도 몇 개씩 그런 의도를 가진 글들이 올라온다. 그러므로 교회의 문제가 과도하게 부각되는 측면이 있는 건 아닌가 생각한다.

이 일의 뒤에도 어김없이 마귀가 숨어 있다. 마귀의 입장에서 교회는 자기 영역에 들어온 적의 기지이고 성도는 적군이기에 반드시 무너뜨려야 할 대상인 것이다.

실제로 마귀는 유럽의 교회를 거의 무너뜨렸고, 지금은 전 세계적으로 미국과 우리나라 정도가 비교적 교세가 활발한 나라이다. 그러니 마귀의 입장에서 대한민국 교회가 얼마나 밉겠는가? 미워서 할 수만 있으면 무너뜨릴 기회만 보고 있는데, 교회 다닌다는 사람들의 실수와 잘못은 놓칠 수 없는 기회가 된다.

물론 그런 빌미를 제공한 교회 내 일부의 잘못된 행실을 옹호하고 싶은 마음은 없다. 잘못은 잘못이기 때문이다. 또한 그들을 비난하고 싶은 마음도 없다. 그들은 드러내어 행했을 뿐 내 안에도 똑같은 죄의 본성이 있어서 나도 언제든 똑같은 죄를 지을 수 있는 죄인이기 때문이다. 그들의 죄는 바로 나의 죄, 우리(교회) 모두의 죄인 것이다.

많이 늦었지만, 한국 교회가 문제의 심각성을 깨닫고 이제라도 하나님께는 회개하고, 세상을 향해서는 반성하며, 자기를 부인하고 예수님을 따르는 복음의 본질로 돌아가야 한다고 생각한다. 다행인 것은 위기를 위기로 인식하지 못하면 진짜 위기지만, 지금은 교회와 성도가 한국 교회의 쇠퇴와 위기를 인식하고 있으니 바른 대처가 나오리라고 기대한다.

위기와 쇠퇴 속에 전체 교인 숫자는 줄어들 수 있지만, 이를 통해 교회가 비록 숫자는 적으나 교회다운 교회로 거듭날 수 있는 기회가 되기를 소망한다. 그렇게 된다면 예수님께서 다시 오실 때까지 하나님께서 6.25 같은 비극적인 전쟁이 재발하지 않도록 이 나라와 민족을 지켜 주시고 한국 교회에도 다시금 부흥(復興)을 허락해 주시리라 확신한다. 할렐루야!

"하나님이 존재한다는 것을 어떻게 증명할 수 있나요?"
"하나님이 살아 계신다면 내 눈에도 보여 주세요."

하나님이 어디 있냐는 무신론 VS
하나님이 살아 계신다는 성경

환자들에게 복음을 전할 때 마지막에 다룰 진화론만큼 많은 질문을 받는 것이 무신론이다. 특별히 똑똑하고 이성적인 환자 중에 하나님은 없다면서 무신론을 믿는 분들이 많았다. (자신은 무신론이 합리적이라고 생각하지만, 그런 생각과 마음을 넣어 준 존재가 거짓의 아비 마귀라는 사실을 알지 못하는 것이다.)

그러나 성경은 오히려 어리석은 자가 하나님이 없다 한다고 말씀하신다.

어리석은 자는 그의 마음에 이르기를 하나님이 없다 하는도다 그들은 부패하고 그 행실이 가증하니 선을 행하는 자가 없도다. 시 14:1

하나님께서 피조물인 우리 인간에게 당신을 보이시는 것을 '계시'(啓示, revelation)라고 하는데, 계시에는 '특별계시'와 '일반계시'가 있다.

특별계시는 하나님께서 초자연적인 기적을 통해서 사람들에게 자신을 드러내는 것이다. 실제 많은 사람이 초자연적인 현상을 통해서 하나님을 만났고 지금도 만나고 있다. 그 특별계시의 기록이 바로 성경이다. 하지만 이것은 전적으로 하나님께서 원하셔야 가능한 것이지, 피조물인 우리가 하나님에게 자신을 드러내서 증명하라고 요구할 수는 없는 일이다.

일반계시는 자연계시라고도 하는데, 하나님이 어디 있냐고 묻는 사람들에게 주는 성경의 대답이 바로 자연계시이다.

창세로부터 그의 보이지 아니하는 것들 곧 그의 영원하신 능력과 신성이 그가 만드신 만물에 분명히 보여 알려졌나니 그러므로 그들이 핑계하지 못할지니라. 롬 1:20

이 말씀은 하나님께서 당신의 신성과 능력을 만물과 자연(自然)에 심어두셨으니 자연을 보고 하나님의 살아 계심을 깨달으라는 말씀이다. 그러면서 하나님께서 만드신 자연을 보고도 그분의 살아 계심을 깨닫지 못한다면, 나중에 하나님 앞에 섰을 때 하나님이 보이지 않아서 믿지 않았다고 핑계할 수 없다는 말이다.

그러면 하나님은 왜 무신론자들의 요구처럼 확실하게 당신을 보여 주지 않을까? 하늘에서 불을 내리고, 얼굴을 보여 주시면 믿지 않을 사람이 한 명도 없을 텐데 말이다.

그것은 우리에게 주신 선택의 자유(자유의지) 때문이다. 하늘에서 불을 내리고 얼굴을 보여 주시면 믿지 않을 사람이 없을 것이다. 그러나 그것은 하나님께서 원하시는 믿음과 사랑이 아니다. 앞서 나눈 것처럼 하나님은 우리를 로봇처럼 만들지 않으시고 자유를 주셔서 하나님을 선택하고 믿게 해 주셨다. 그것이 진정한 믿음과 사랑이기 때문이다.

현대 물리학에서 지금까지 밝혀낸 우주는 11차원이라고 한다. 이 중 입증이 가능한 것은 6차원이고, 나머지는 존재조차 알 수 없다고 한다. 고작 3차원에 갇혀 사는 인간이 11차원 너머의 존재를 어떻게 이해할 수 있겠는가?

3차원에 갇힌 인간은 오직 감각에 느껴지는 것만 이해할 뿐인데도, 눈에 보이지 않으면 존재하지 않는다고 생각할 때가 많다.

무신론과 진화론처럼 말이다.

영(靈)도 마찬가지이다. 영으로 계신 하나님은 우리 영으로만 감각될 뿐인데, 영을 육신의 눈으로 보여 주고 과학적인 방법으로 증명해 달라고 하니 서로 수준이 맞지 않는 것이다. 그러므로 하나님은 인간이 눈으로 보고 만져서 알 수 있는 수준인 자연과 우주에 당신을 심어 놓아 하나님을 찾도록 해 주셨다.

천체 물리학자들에 따르면 아직 우주에 대해서 모르는 것이 많고, 무엇을 모르는지도 모른다고 한다. 다만 지금까지의 연구에 의하면 우주에 존재하는 별은 지구의 모든 모래 알갱이의 수보다 대략 10배는 많을 것이라고 한다. 이렇게 많은 별은 저마다의 고유한 자전과 공전의 궤도를 가지고 질서 있게 운행한다.

지구도 아무런 동력이 없는데도 스스로 돌고 또 태양을 도는 것을 어떻게 이해해야 할까? 그리고 지구에 사람이 살기 좋은 사계절이 있는 이유도 절묘하게 23.5도 기울어져 있기 때문이라고 하는데 이처럼 지구가 질서를 가지고 돌면서 정확히 23.5도 기울어진 것이 진화론의 주장처럼 정말로 우주 대폭발 이후에 우연히 된 것일까?

상식적으로 어떤 폭발이든 폭발 후에는 난장판이 되어야 정상인데, 대폭발 후에 도리어 지구는 23.5도 기울어져서 스스로 돌고, 수많은 별과 행성도 저마다의 자전과 공전의 '질서'를 가지고 돈다는 것을 어떻게 이해할 수 있을까?

또한 누군가 "하나님이 계신다는 증거가 있습니까?"라고 묻는다면 나는 "당신이 바로 그 증거입니다."라고 말하고 싶다.

한의대에서 인체 해부를 하며 나는 인간의 장기와 조직이 어쩜 그렇게 필요한 곳에 필요한 모양으로 위치하고 기능할까 감탄한 적이 여러 번 있었다. 가령 손은 27개 뼈로 구성되어 있고, 신경과 근육들이 그 뼈를 둘러싸서 우리가 원하는 대로 정교하게 물건을 쥐고 놓을 수 있게 한다. 생각해 보면 이렇게 신기한 인체가 정말로 무생물에서 우연히 발생한 것일까?

철새들도 누가 가르쳐 준 것도 아니고 머리에 내비게이션이 있는 것도 아닌데 여름에는 시원한 북쪽을 향해 날아가고, 겨울에는 따뜻한 남쪽으로 길을 잃지 않고 찾아간다. 들에서 자라는 꽃과 풀도 누가 심고 기른 것도 아닌데, 정확한 시간에 피어나서 아름다운 모양과 향기로 창조주 하나님의 지혜와 능력을 드러낸다.

이처럼 성경은 우리에게 우주와 인간을 보고, 꽃과 동물의 아름다움을 보며 하나님을 찾으라고 말씀하신다. 어떤 무신론자의 주장처럼 과학이 발달할수록 하나님의 존재는 부인되는 것이 아니라 오히려 더욱 증명된다. 이렇게 아름다운 자연의 질서는 결코 우연히 생기지 않기 때문이다.

여기 자연(自然)을 바라보며 하나님을 발견한 지혜로운 한 사람 앤터니 플루를 소개하고 싶다. 그는 1923년 영국에서 태어나 약 50년 동안 레딩과 옥스퍼드 대학에서 30권의 무신론 책을 쓰면서 학생들을 가르쳤던 무신론 철학의 대부였다.

그런 그가 죽기 몇 년 전에 별안간『존재하는 신』(There is a GOD, 부제: 신의 부재는 입증되지 않는다)이란 책을 출판하면서 기존의 무신론 주장을 철회하고 하나님의 존재를 받아들인다고 선언하였다.

무신론자들과 진화론자들은 그가 노년에 죽음의 두려움으로 인해 기존 주장을 뒤집은 배신자라고 비난했지만, 그는 철학자의 길로 들어설 때부터 소크라테스가 말한 '어디건 논증(증거)이 이끄는 대로 따라가라.'라는 원리를 배웠고, 평생 배운 대로 살기로 했다고 말하면서 교수로 재직하며 오랫동안 유신론 학자들(기독교인들)과 많은 논쟁을 하면서 점차 무신론에 치명적인 오류가 있음을 발견하게 되었다고 한다.

이를 고민하던 그는 모든 편견을 버리고 유신론과 무신론 두 이론을 하나하나 비교하고 논증한 끝에 평생 믿던 무신론을 버리고 하나님이 존재한다는 결론을 내리게 되었는데, 그가 논증하는 데 사용한 것 역시 '자연'이었다. 구체적으로 어떤 것들이 있는지 함께 살펴보자.

첫 번째, 자연의 법칙은 어떻게 생기게 되었을까?
두 번째, 생명체가 어떻게 무생물에서 생겨나게 되었을까?
세 번째, 우주가 어떻게 무(無)에서 생겨나게 되었을까?

여러분도 이 질문에 답을 해 보길 바란다. 3가지 질문에 답을 내보려 하였지만 플루는 무신론으로는 도저히 답을 찾을 수가 없었다고 말한다.

첫 번째 자연법칙은 언제나 규칙성을 갖고 있는데, 지구 안에서는 예외가 없다. 가령 물은 항상 100도에서 끓고, 물건은 위에서 아래로 떨어진다. 과학은 이런 자연의 '법칙'을 밝히고 그 기전(메카니즘)은 설명할 수 있지만, 왜 그런 자연법칙이 만들어지고 유지되는지는 알지 못한다고 하였다.

  예를 들어 과학자들이 물건이 위에서 아래로 떨어지는 것은 중력 때문이라는 것을 밝혔지만, 중력이 왜 존재하고, 왜 항상 동일하게 작용하는지는 알 수 없으며 무신론으로는 이것을 설명할 수 없다고 하였다.

  두 번째 진화론은 최초 생명체가 '아주 오랜 시간' 무생물에서 '우연과 우연'을 거듭해서 생겨났다고 주장하는데, 이에 대해 플루는 "이것은 대리석 돌로 만든 테이블이 1조 년의 시간이 흐르면 생명체로 변한다는 말과 정확히 같은 말이다. 그러나 이는 무한대의 시간이 주어지고 수많은 우연과 우연을 거친다 해도 실현 불가능한 것이므로 진실일 수 없다."라고 하면서 아무것도 없는 상태에서 생명이 생겨난다는 것은 무신론으로는 결코 설명할 수 없다고 하였다.

  마지막으로 진화론은 우주 생성을 설명하려고 '대폭발(빅뱅) 우주론'을 주장했는데, 그렇다면 이에 대한 물리적 설명이 필요하다고 하였다. 왜냐하면 빅뱅 이론이 나오기 전 우주가 시작과 끝이 없고 그냥 그 자체로 존재한다고 했을 때는 우주를 만들어낸 무언가(혹은 누군가)를 가정할 필요가 없었지만, 우주가 빅뱅으로 인해 시작된 것이라면 이제는 무엇이 그 시작을 일으켰는지 답을 해야 한다고 하였다.

플루는 무신론으로는 결코 이것들을 설명할 수 없고 오직 하나님의 존재만으로 설명할 수 있다는 결론을 내면서 책을 마무리한다.

그는 "나는 오랫동안 무신론자였지만 논증(증거)이 이끄는 곳으로 따라왔다. 논증을 따라오다 보니, 자존하고 비물질적이고 무소부재(無所不在)하고 전능한 존재의 실존을 받아들이게 되었다."라고 말하며 신을 믿는 것이 무신론보다 압도적으로 논리적이고 이성적이라고 여러 가지 철학 사례를 들어서 설명해주고 있다. 평소 하나님이 살아 계신지 고민하는 분이라면 앤터니 플루의 『존재하는 신』의 일독을 권해드린다.

"성경은 원본이 없고 여러 사본을 모아서 쓴 책이라 오류가 있는 것 아닌가요?"

"성경이 하나님의 말씀이라는 것을 어떻게 증명할 수 있고, 어떻게 문자 그대로 믿나요?"

"성경은 믿을 수 없으니 성경 이야기를 하면서 나를 전도하려고 하지 마세요."

| 성경

신학교를 다니다가 1학년 때 성경은 원본이 없고 여러 사본을 합치고 여러 사람의 손을 통해 만들어졌다는 것을 듣고 자퇴했다는 사람이 있다는 이야기를 들은 적이 있다. 그는 아마 하나님께서 성경을 직접 쓰신 것이라고 믿었다가 그것이 아니라서 실망이 컸는지도 모르겠다.

지금까지 인류 역사에서 성경만큼 많이 팔린 책이 없다고 한다. 그에 비례해서 성경을 향한 사람들의 오해와 궁금증도 많다. 전도할 때도 성경에 대해 위처럼 말씀하는 분들을 종종 만날 때가 있으니 말이다. 하지만 이런 질문의 숨은 의도처럼 만약 성경이 거짓이라면 하나님은 존재하지 않고 원죄도 거짓이며, 원죄가 거짓이라면 지옥에서 건져 주신 구원자 예수님도 필요가 없다. 성경이 거짓이라면 하나님께 나아갈 수도 없고 나아갈 필요도 없는 것이다. (언제나 그렇듯 이런 생각의 뒤에는 예수님을 믿지 못하게 하려는 마귀의 속임수가 존재한다.)

성경은 한 사람이 쓴 것이 아니고 여러 사람이 쓴 책이 맞다. 아담 이후 하나님과 영적으로 교제한 많은 사람이 하나님께서 계시(啓示)해 주신 말씀과 예수님의 언행을 기억하고 구전(口傳)한 것을 1,500여 년 동안 약 40명의 기자(記者)가 기록하고, 사본들의 진위와 가치를 최종적으로 따져서 로마 시대에 한 권으로 엮은 것이 성경이다.

그러다 보니 동일 사건을 기록한 여러 편에서 표본오차 수준의 편차는 있다. 하지만 그건 대체로 성경을 기록한 사람의 성격과 어투 때문이지 성경의 큰 흐름에서 차이는 없다.

성경이 비록 여러 사람의 손을 통해 쓰인 책이지만, 모든 성도가 하나님의 말씀이라고 생각하는 이유는 크게 두 가지이다.

먼저 성경은 '사실'을 적었다. 심지어 성경은 좋지 않은 것까지 빼놓지 않고 그대로 적었다. 예수님의 조상 중에는 라합이라는 창녀도 있었고, 다말이라는 여자는 남편들이 줄줄이 죽자 시아버지 유다를 속이고 동침하여 자식을 낳았다.

다윗은 신하인 우리야의 아내 밧세바와 간음을 하였는데, 이 사실을 숨기기 위해 우리야를 전쟁터의 맨 앞에 세워 죽게 만드는 살인까지 저질렀으나 성경(마 1:6)은 예수님의 족보를 나열하면서 **"다윗은 우리야의 아내에게서 솔로몬을 낳고"**라고 정확하게 기록하고 있다.

성경이 만약 하나님께서 계시하셔서 만들어진 것이 아니고 사람들이 인위적으로 만든 책이었다고 가정해 보자. 그랬다면 이런 불미스러운 기록들을 모두 지웠어야 하지 않을까? 교주의 조상들이 창녀이며, 며느리가 시아버지와 관계하고, 또 살인까지 했다는 사실은 전도하는 데 전혀 도움이 되지 않기 때문이다.

하지만 예수님께서 육신적으로 죄 많은 혈통을 통해 이 땅에 오신 것은 간음한 자도, 살인한 자도 다 용서하고 구원해 주기 위해 오셨음을 나타낸다. 내가 간음을 했는데 예수님의 조상들도 나와 같은 죄를 저질렀다는 것은 죄인에게 큰 위로와 힘이 되는 것이다.

또 이런 불미스러운 일들까지 지우지 않고 낱낱이 기록한 것이 성경이 조작된 기록이 아니라 실제 역사적 사실임을 반증하는 것이라 할 수 있다.

두 번째로 성경은 여러 사람이 썼지만, 신구약 성경 전체를 관통하는 일관된 흐름이 있다. 그것은 바로 우리를 향한 하나님의 사랑이다. 우리를 위해 구원자를 보내 주겠다는 약속이 성경이다. 그래서 성경에 약속 약(約) 자를 붙여 구약(舊約)과 신약(新約)으로 나누어 놓았다.

구약(舊約)을 한마디로 표현하면 범죄한 우리를 위해 구원자 예수님을 보내 줄 거라는 약속이고, 신약(新約)은 약속대로 구원자 예수님이 이제 오셨다는 내용이다.

비록 저자는 여러 명이지만, 하나님께서 그들에게 동일한 영감과 지혜를 주셔서 일관되게 하나님의 사랑에 대해 알려 주신 것이다. 즉, 저자이신 하나님께서 사람들이 보고 알 수 있도록 사람들의 손을 빌려 쓰신 것이 성경이다.

그러므로 디모데후서도 모든 성경은 하나님의 감동으로 된 것이라고 말씀하시고 우리 그리스도인도 성경은 진리(眞理)이며,

하나님께서 우리에게 직접 말씀해 주신 것으로 여긴다.

또 어려서부터 성경을 알았나니 성경은 능히 너로 하여금 그리스도 예수 안에 있는 믿음으로 말미암아 구원에 이르는 지혜가 있게 하느니라. 모든 성경은 하나님의 감동으로 된 것으로 **교훈과 책망과 바르게 함과 의로 교육하기에 유익하니 이는 하나님의 사람으로 온전하게 하며 모든 선한 일을 행할 능력을 갖추게 하려 함이라.** 딤후 3:15~17

마지막으로 하나님은 보이지 않는 영으로 계시지만, 때로 우리를 위해 우리의 시각과 청각 그리고 촉각의 오감으로 느낄 수 있도록 존재하기도 하신다. 성경에 보면 빛(요일 1:5)과 바람(행 2:2)으로도 계셨고 **"태초에 말씀이 계시니라. 이 말씀이 하나님과 함께 계셨으니 이 말씀은 곧 하나님이시니라."**라는 말씀(요 1:1)처럼 말씀으로도 계신다. 그러므로 성경 말씀을 가까이 하는 것은 하나님을 가까이 하는 것과 같다. 말씀을 소리 내어서 읽고 먹으며 암송하면 하나님을 내 안에 충만히 계시도록 하는 것과 같은 것이다.

이것은 영적 신비를 말하는 것이 아니다. 1부에서 사람을 텅 빈 자루에 비유했는데, 가죽 자루(육체) 안에 자아와 세상을 가득 채우고 사느냐 아니면 기도와 말씀을 통해 하나님을 가득 채우고 사느냐에 따라 사람의 본질은 변화한다.

처음에는 자루에 내 생각과 마음(자아)만 가득 차 있다가, 말씀을 점점 채워가면서 분노와 미움의 마음이 줄어들고 용서와 사랑이 채워진다. 마찬가지로 절망과 염려가 기쁨(희락)으로, 음란과 탐심이 인내와 절제의 마음으로 변화된다. 성령 하나님께서 하시는 일 중에 가장 놀라운 일이 말씀으로 우리 마음을 변화시켜 성령의 열매를 맺게 하는 것이기 때문이다.

그러므로 하나님에 대해 알고 싶은 분, 죄와 중독을 버리고 하나님 뜻대로 거룩하게 살고 싶은 분이 있다면 성경을 읽고 가까이하면서 당신 안에 채우길 권해드린다. 성경(겔 3:1)도 두루마리(말씀)를 먹어 네 배와 창자에 채우라고 하신다.

"하나님은 몇 분인가요? 하나님, 예수님, 성령님은 모두 다른 하나님인가요?
"하나님은 누가 만들었나요?"
"JMS나 신천지에서는 정명석이나 이만희가 '재림 예수'라고 하던데요?"

| 삼위일체 하나님과 이단(異端)들

"하나님은 몇 분인가?"라는 질문, 즉 '삼위일체'(三位一體, Trinity)의 비밀은 하나님의 신비에 속한 것이기에 오랫동안 신학 논쟁과 이단 시비도 많았고 이해하기 쉽지 않다. 그래서 이것에 대해 다루는 것이 조심스럽지만, 그래도 초신자들이 최대한 이해하기 쉽도록 알아보고자 한다.

삼위일체라는 단어는 신학자들이 사람들에게 하나님을 설명하기 위해 만든 신학 용어로, 성경에 직접 언급된 단어는 아니다. 관련 말씀을 읽어 보자.

하나님이 이르시되 우리의 형상을 따라 우리의 모양대로 우리가 사람을 만들고 그들로 바다의 물고기와 하늘의 새와 가축과 온 땅과 땅에 기는 모든 것을 다스리게 하자 하시고. 창 1:26

예수께서 나아와 말씀하여 이르시되 하늘과 땅의 모든 권세를 내게 주셨으니 그러므로 너희는 가서 모든 민족을 제자로 삼아 아버지와 아들과 성령의 이름으로 세례를 베풀고. 마 28:18~20

위 말씀을 유심히 보면 하나님께서 천지와 사람을 창조하실 때 '내가'라고 하지 않고 '우리'라고 말씀하셨다. 우리는 단수가 아니라 복수 표현이므로 하나님은 한 분이 아니라 여러 분이라는 것을 먼저 알 수 있다.

두 번째 말씀을 통해 우리는 하나님께서 아버지 하나님(= 성부 하나님), 아들 하나님(= 성자 예수님), 성령 하나님 이렇게 세 분으로 계심을 알게 된다. 그래서 세 분을 뜻하는 3위(位)라고 표현한다.

어떤 분들은 그럼 하나님은 몸이 하나이고 머리는 3개인 신이냐고 물어보시는데 그렇지는 않고 세 분 모두 따로 독립적으로 존재하시는 하나님이다. 따로 존재하시지만, 세 분 모두 하나님의 신성과 본질은 우열이 없고 동등하시다.

특별히 세 분 하나님은 우리 인간을 사랑하셔서 창조하시고, 인간이 범죄한 후에는 구원하는 데 한마음과 하나, 즉 '일체'(一體)가 되셨다. 그러므로 이를 '삼위일체'라고 부른다.

하나님은 영(혼)으로 존재하시고, 시간과 공간을 초월하여 존재하시기에 인간의 유한한 머리로는 온전히 이해하기 어려운 것이 사실이다. 어떤 분은 "하나님이 인간을 만들었다면, 그럼 하나님은 누가 만들었죠?"라고 묻기도 하는데 이에 대해 하나님은 출애굽기 3장 14절에서 **"나는 스스로 있는 자이니라."**라고 말씀하신다.

사실 창조주 하나님은 피조물인 우리의 이해 대상이 아니라 믿음과 경배의 대상이다. 어떤 목사님이 하나님께서 인간에게 당신에 대해 설명하는 것은 우리가 개미에게 가서 우리를 설명하는 것보다 더 어려운 일이라고 말씀하신 것을 들은 적이 있다. 사람은 개미를 이해하기 쉽지만, 개미는 개미의 수준만큼만 사람을 이해할 수 있기 때문이다.

마찬가지로 우리도 하나님에 대해서 우리의 수준에서만 알 수 있다. 그러므로 때로는 감추어진 신비는 알 수 없는 상태로 남겨두고 모른다고 말하는 자세가 필요하다. 언젠가 천국에서 하나님을 뵐 때 그 신비를 온전히 알게 될 것이다.

어느 신학자는 "삼위의 하나님에 대해서 정확히 알지 못하면 우리는 은혜로 받은 구원에 대해 정확히 알 수 없다."라는 말을 했다고 한다.

하나님이시지만 이 땅에 직접 인간의 몸을 입고 오셔서 나와 당신을 위해서 몸을 찢고 피 흘려 돌아가신 성자(聖子) 예수님의 사랑은 너무나 놀랍고 감사하다. 그러나 외아들 예수님을 죽을 곳으로 보내 주신 성부(聖父) 하나님의 사랑은 더욱 놀랍다.

당신에게 외아들이 있는데 어느 날 자기를 죽여 다른 사람을 살려야 한다고 떠나려 하면 과연 보낼 수 있을까? 그러므로 외아들을 대속(代贖) 제물로 보내 주신 것은 성부 하나님께서 직접 오신 것보다 더 크신 사랑이었다.

그렇게 오신 성자 예수님은 이 땅에서 사시는 동안 성부 하나님께서 우리의 아버지가 되신다고 가르쳐 주셨다. 또한 당신이 죽고 부활 후 하늘로 올라가신 뒤에는 대신 성령 하나님께서 오셔서 우리를 도와주실 것이라고 약속해 주셨다.

약속대로 성령님은 예수님을 영접한 사람 안에 들어오셔서 성부 하나님이 우리의 아버지라는 사실과 성자 예수님께서 우리를 위해 십자가에서 피를 흘려주셨다는 사실을 가르쳐 주고 믿게 하신다.

이렇게 보면 세 분 하나님께서 하는 일은 자기를 드러내고 높이는 것이 아니라 나머지 두 분 하나님을 증거하고, 높인다는 것을 알게 된다. 세 분이 사랑 안에서 하나이기 때문이다.

이단과 사이비는 이 삼위의 하나님을 교묘하게 왜곡하고 부정한다. 하나님과 하나님께서 만드신 모든 것을 반대하는 마귀는 삼위의 하나님의 신성에도 가라지(가짜)를 뿌려서 하나님을 모독하고 조롱하길 원하는 것이다. 그러므로 끊임없이 이단과 사이비를 만들어 낸다.

이단(異端)은 끝이 다르다는 뜻이고, 사이비(似而非)는 비슷한데 다르다는 뜻인데, 기독교 이단과 사이비도 교회라는 이름을 쓰고 하나님의 사랑, 원죄와 십자가 그리고 천국과 지옥 등 성경에 기록된 용어도 비슷하게 쓴다. 그러나 결정적인 차이는 삼위의 하나님을 왜곡하는 데 있다. 세 분 하나님께서 자기를 낮추고 두 분 하나님을 높이는 데 반해 이단은 자기를 높이고 자기가 경배를 받기 원한다.

그래서 자기가 창조주 하나님이라고 주장하는 곳도 있고, 아버지 하나님이 있으니까 어머니 하나님도 있다며 여자 교주를 섬기는 '하나님의 교회'란 곳도 있으며, 2023년 〈나는 신이다〉라는 다큐멘터리를 통해 유명해진 'JMS'의 정명석과 '신천지'의 이만희처럼 "내가 세상에 다시 내려온 재림 예수다."라고 주장하는 이단도 많다. 재미있는 것은 우리나라에만 자칭 재림 예수라고 주장하는 사람이 50명이 넘는다고 한다.

재림 예수라고 속이는 이단에 속지 않기 위해 기억해야 할 성경 말씀이 있는데, 예수님은 마지막 때에 구름을 타시고 오시므로 재림(再臨)하실 그때에는 과거에 죽었다가 다시 살아난 사람들과 당시 살아 있는 모든 사람이 그 모습을 볼 것이라고 하셨다.

볼지어다 구름을 타고 오시리라 각인(各人)의 눈이 그를 보겠고 그를 찌른 자들도 볼 터이요 땅에 있는 모든 족속이 그를 인하여 애곡하리니 그러하리라 아멘. 계 1:7

그러므로 누군가 재림 예수로 이 땅에 내려왔는데 각인(各人) 즉 나와 여러분이 그가 구름을 타고 내려오는 것을 못 봤다면 그것은 성경적이지 않다. 이만희나 정명석 같은 자칭 예수가 하늘에서 내려오는 것을 나와 여러분이 못 봤다는 것이 그가 진짜가 아닌 가짜라는 결정적인 증거이므로 속는 일이 없어야 하겠다.

마귀는 이단과 사이비를 이용해서 어떻게든 사람들이 하나님을 믿지 않게 하려고 노력 중인데, 이를 위해 자기가 가진 영적인 힘을 이단과 사이비 교주에게 나눠 주어서 성령 하나님께서 하시는 일을 비슷하게 흉내 내게 한다. 사람들의 눈과 귀를 속이고 욕망을 자극하여 믿게 하려는 것이다.

실제로 어떤 이단 교주는 집회 때마다 불치병을 치료하고 귀신을 쫓아내기도 하며 최근에 어떤 이단은 생니를 금이빨로 바꾸고, 사람들이 보는 앞에서 손가락이 길어졌다 짧아지는 기적을 행한다고 한다. 놀라운 일이다.

그러나 기적이 일어난다고 해서 그곳에 모두 하나님이 계시는 것은 아니다. 마귀도 생명을 살리고 죽이는 것과 사람들이 서로 진심으로 사랑하게 하는 것, 이 두 가지 외에는 하나님께서 하는 일을 비슷하게 흉내 낼 수 있기 때문이다.

마귀는 그 능력과 기적을 보고 사람들이 이단과 사이비에 빠져서 그것이 진리인 줄 알고 살다가 정작 중요한 구원자 예수님을 모르고 지옥에 가기를 간절히 바라고 있다.

사랑하는 자들아 영을 다 믿지 말고 **오직 영들이** 하나님께 속하였나 **분별**하라 많은 거짓 선지자가 세상에 **나왔음이라. 요일 4:1**

"기독교는 자기들만 옳다 하는 독선(獨善)적인 종교 아닌가요?"
"옛날 사막에 살던 민족이 믿던 신을 21세기에 왜 우리가 믿어야 하나요?"
"우리 집은 제사를 지내야 하니까 하나님을 믿을 수 없어요."
"나는 절에 다녀서 부처님을 배신할 수 없어요."

| 기독교와 다른 종교의 차이

예전 대학을 다닐 때 친하게 지내던 친구가 있었다. 그는 기독교가 독선적(獨善的)이라며 싫어했지만, 회심하기 전에는 나도 신앙이 없었기에 같이 술, 담배를 즐기며 친하게 지냈었다. 그러다 내가 회심 후 전도했으나 받아들이지 않았고, 왠지 모를 거리감으로 사이가 점점 멀어졌다.

친한 친구에게 종교와 정치 이야기는 하지 말라는 말이 있다. 서로 감정만 상하고 끝이 좋지 않기 때문이다. 해서 다른 종교 이야기를 책에 써야 하나 고민이 많았다. 자칫 뜻이 와전되어서 다른 종교를 믿는 분들을 폄하(貶下)하거나 기독교 신앙을 강요하는 것처럼 보일 수도 있기에 조심스러웠다.

하지만 전도하다 보면 위처럼 말씀하시며 복음을 거절하는 분들이 상당히 많기에 부득불 성경의 관점에서 기독교와 다른 종교의 차이에 대해 이야기해 보려고 한다.

인간은 묘하게 물질 너머의 존재를 믿으려는 신심(信心)이 있고, 이것은 하나님께서 주신 영(靈) 때문이라고 1부에서 말씀드렸다. 이후 인간이 범죄하여 하나님과 영의 관계가 끊어지게 되었고, 공허해진 영(혼)을 채우기 위해 인간은 하나님과 비슷한 존재를 찾게 되었다. 이것이 여러 가지 종교와 우상이 생겨난 이유이다.

성경에는 세상에 맨 처음 종교가 시작된 단서가 이렇게 기록되어 있다. 아담과 하와가 범죄하고 에덴동산에서 쫓겨난 후 아담의 9대손인 노아의 때에 하나님은 사람들이 극도로 타락함을 보시고 사람 만드신 것을 후회하사 노아와 그의 가족을 제외한 모든 사람을 홍수로 심판하신다. 유명한 노아의 홍수 사건이다. 홍수 이후 살아남은 노아의 세 아들 셈과 야벳과 함의 후손은 세계 각지로 퍼져나간다.

함의 장남인 구스가 낳은 아들이 니므롯(님로드)인데, 성경은 그를 가리켜 이 세상의 첫 용사라고 기록하고 있다. 홍수 이후 인류의 첫 왕이 탄생한 것이다.

구스가 또 니므롯을 낳았으니 그는 세상에 첫 용사라. 창 10:8

성경학자들과 유대인의 전승에 의하면 이 니므롯이 인류 최초의 바벨론 문명을 건설하고 바벨탑을 세운 자라고 한다. 니므롯이라는 이름은 '하나님의 반역자'라는 뜻인데, 실제로 그는 여기저기를 정복하고 큰 나라와 도시들을 만들어서 사람들을 보호해주고, 먹고사는 문제를 해결해주며 자기를 신(神)으로 섬기라고 요구한 최초의 인간이 되었다.

니므롯이 죽자 그의 아내 세미라미스는 아들 담무스를 니므롯의 환생이라고 주장하면서, 니므롯은 태양신, 자기는 달의 신, 담무스는 별의 신으로 섬기도록 만들었다. 이것이 삼위일체의 하나님을 본떠 만든 인류 최초의 종교인 바벨론의 일월성신(日月星辰)교였다. 그리고 그 뒤에도 어김없이 마귀가 숨어 있기에 하나님은 바벨론을 미워하셨다.

힘찬 음성으로 외쳐 이르되 무너졌도다 무너졌도다 큰 성 바벨론이여 귀신의 처소와 각종 더러운 영이 모이는 곳과 각종 더럽고 가증한 새들이 모이는 곳이 되었도다. 계 18:2

일월성신교는 이후 각지로 퍼져나간다. 서쪽으로 중동(가나안)

에서는 풍요의 신 바알(니므롯)과 아세라(세미라미스) 그리고 담무스가 되었고, 이집트와 그리스, 로마, 북유럽 사람들이 믿었던 수많은 아버지와 어미니 신 그리고 아들 신들의 원형이 되었다.

그들의 하나님 여호와의 모든 명령을 버리고 자기들을 위하여 두 송아지 형상을 부어 만들고 또 아세라 **목상을 만들고 하늘의** 일월 성신을 경배**하며 또** 바알**을 섬기고.** 왕하 17:16

반대로 동쪽으로 가서는 고대 페르시아 조로아스터교의 태양 숭배에 영향을 미쳤고, 인도에서는 환생(윤회)과 삼신(三神) 사상이 힌두교와 불교의 탄생에 영향을 미쳤다. 이처럼 지역마다 종교의 이름과 형태는 모두 다르지만, 마치 한 뿌리에서 갈라져 많은 가지를 이룬 나무처럼 모두 바벨론(마귀)에 뿌리를 두었다.

한편 니므롯의 시대 갈대아 우르에 살던 노아의 9대손 아브라함에게 하나님께서 계시(啓示)하셔서 "네 후손을 통해 인류의 구원자가 나올 것이니 죄악이 가득한 우르를 떠나 가나안 땅으로 가라."고 명령하신다. 이 말씀에 순종하여 아브라함은 가나안으로 이사하였고, 이후 그의 후손들이 기근을 피해 이집트로 들어가 종살이를 하다가 400년 만에 나와 가나안에 세운 나라가 이스라엘이고, 그들이 믿는 종교가 유대교이며, 그 모든 역사가 기록된 것이 성경의 구약(舊約)이다.

후에 약속대로 구원자 예수님이 오셔서 천국 복음을 전하시면서 당시 부패해진 유대교를 비판하다가 잡혀 십자가에서 죽으시고 3일 만에 부활 승천하신 후에 제자들이 이것을 전파하면서 형성된 것이 기독교이며, 그 모든 과정을 기록한 것이 성경의 신약(新約)이다. 그리고 약 6백 년이 지나 무함마드가 창시한 이슬람이 탄생한다.

참고로 기독(基督)은 그리스도(예수님)를 한자로 번역하며 쓴 것이다. 즉 기독교는 예수님을 믿는 종교를 뜻하는데, 기독교에는 카톨릭 교회(천주교)와 중세에 부패했던 카톨릭을 개혁하며 갈라져 나온 개신교(교회)가 있다.

이처럼 유대교, 기독교와 이슬람은 모두 아브라함을 조상으로 삼고, 동일한 창조주 하나님을 믿는 공통점이 있다. 유대교의 여호와(야훼), 기독교의 하나님(GOD)과 이슬람의 알라는 이름은 다르지만 모두 같은 '창조주 하나님'을 의미한다. 그러나 세 종교의 근본적인 차이도 삼위일체에 있다. 유대교와 이슬람은 예수님을 선지자로는 인정하지만, 하나님이자 인간의 구원자로는 인정하지 않기 때문이다.

시간이 더 흘러 유대교, 기독교(개신교, 천주교), 이슬람교, 힌두교, 불교가 세계 5대 종교가 된다. 세상에는 이처럼 수많은 종교가 있지만, 성경의 관점에서 보면 바벨론에 뿌리를 두고 인간이 만들어 낸 힌두교와 불교 같은 '자연종교'와 하나님께서 인간에게 자신을 보여 주셔서 형성된 '계시종교'의 기독교, 둘로 나뉜다는 것을 알 수 있다. (유대교와 이슬람 역시 계시종교라 할 수 있지만, 예수님을 하나님과 구원자로 인정하지 않으니 제외한다.)

　이렇게 보면 기독교를 제외한 모든 종교는 삼위일체 하나님을 모방하여 만든 기독교의 아류(이단)라는 것도 알게 된다. 세상은 기독교를 여러 종교 중 하나로 분류하려고 하지만, 기독교는 여러 종교 중 하나가 아니라 세상에 하나뿐인 진리인 것이다.

　전도하다 보면 "옛날 사막에 살던 민족이 믿던 신을 21세기에 왜 우리가 믿어야 하나요?"라고 묻거나 기독교는 배타적이고 독선(獨善)적이라서 싫다는 사람들을 만날 때가 종종 있다. 하지만 인류 역사와 성경을 통해 원죄와 원죄를 해결해주신 예수님의 사랑을 깨닫고 나면 그렇게 말할 수 없을 것이다.

　특히 우리나라는 불교와 유교의 전통이 깊어 전도하다 보면 제사를 지내야 한다거나, 부처님과 절을 배신할 수 없다며 복음을 거절하시는 분이 많다. 그분들이 믿는 것이 있는데, 그럼에도 불구하고 전도를 해야 할지 고민될 때도 많다.

그들이 스쳐 가는 인연이라면 전하지 않을 수도 있겠지만, 하나님께서 내 곁에 두신 가족이라면 불편해도 한 번은 진지하게 복음을 전해야 한다고 생각한다. 말하는 것이 불편하다고 넘어간다면 복음은 끝내 그에게 전해지지 않을 수도 있기 때문이다.

제사를 지내는 분 중에는 교인들이 부모에게 제사도 지내지 않는 불효자이며 뿌리를 모른다고 비난하기도 한다. 그러나 한국인의 조상은 거슬러 올라가면 아담이고, 그 위는 아담을 창조하신 하나님이시니 제사를 지내야 한다면 하나님께 제사(예배)를 지내야 하지 않을까?

또 사람이 죽으면 귀신이 된다고 하는데, 사람이 죽으면 영혼은 영혼을 나눠 주신 하나님께 돌아가는 것이지 억울하게 죽었다고 구천을 떠돌거나 자손들의 제사를 받으려고 내려오지 않는다. 대신 귀신들이 몰려와서 그 제사와 경배를 받을 뿐이다. 그러므로 성경은 하나님을 믿지 않는 사람들(이방인)이 제사하는 것은 귀신에게 제사하는 것이라고 말씀하신다.

무릇 이방인이 제사하는 것은 귀신에게 하는 것이요 하나님께 제사하는 것이 아니니 나는 너희가 귀신과 교제하는 자가 되기를 원하지 아니하노라. 고전 10:20

그래서 교인들은 제사가 아닌 기일에 맞춰 부모님을 추모하는 예배를 드린다. 성도도 똑같이 부모를 생각하지만, 방법이 다를 뿐이다. 제사를 지내는 분들에게 전도할 때는 이 부분에 대해 오해가 없도록 지혜롭게 설명해 줄 필요가 있겠다.

예전에 한의대를 다닐 때 한 친구를 만났었다. 그는 불교 교리와 수련에 심취하여 승려가 되기 위해 불교가 국교인 태국에까지 다녀올 정도였지만, 같이 어울리면서 복음을 전해 지금은 집사가 되었으니 감사하게 생각한다.

회심 후 그는 기독교와 불교는 크게 두 가지 차이가 있다고 했다. 첫째 부처는 한 번도 자신을 신으로 섬기라고 하지 않았다고 한다. 다만 인생이 왜 이렇게 고통스러운지에 대한 의문을 가지고 자기 수행과 깨달음을 통해 괴로운 현실 해방(해탈)을 추구한 사람이고, 죽으면서 제자들에게도 "자기 자신을 등불로 삼고, 자기를 의지하여 진리를 추구하라."라고 말했던 사람인데, 후에 그를 따르는 사람들이 신처럼 섬기는 것이라고 하였다.

하지만 기독교는 무능력한 자기를 의지하는 수행과 깨달음이 아니라 예수님께서 나 대신 피 흘려 주신 사실을 믿기만 하면 구원을 얻는 것이 다르다고 했다. 그러면서 자기의 깨달음과 수행으로 대가를 치러서 얻은 구원은 은혜에 감사할 것이 없지만, 대가 없이 얻은 구원은 은혜와 감사가 넘친다고 하였다.

두 번째 차이를 들으면서 내심 놀랐는데 불교도 자비(사랑)를 말하지만, 부처는 인간을 구원하기 위해서 자신을 희생하지 않았다고 한다. 그러나 기독교는 신이 인간을 구원하기 위해 희생한 유일한 종교라고 하였다.

그러면서 불교를 믿을 때는 내면에 참 평안과 쉼이 없었다고 한다. 평안과 쉼을 얻기 위해 참선(명상)과 수행(고행)도 많이 했지만, 그것을 통해 얻는 평안은 예수님을 영접한 후 경험하는 평안과는 비교할 수 없다고 하였다.

그렇다. 세상 어떤 종교도 신이 인간을 위해 희생하고 인간 안에 들어와서까지 사랑해 주는 종교는 없다. 무당 안에도 그들의 신(귀신)이 들어가지만, 귀신은 사람을 두렵게 하고 괴롭힐 뿐 사랑해 주지 않는다. 불교와 기독교를 비교하는 여러 가지 설명이 있지만, 나는 예수님을 영접한 후에 경험하는 평안과 사랑이 가장 큰 차이라고 생각한다.

마귀의 유일한 목적은 사람들이 구원자 예수님을 찾지 못하도록 하는 것이다. 이를 위해 마귀는 세상에 여러 종교와 신을 만들어서 자신을 의지하여 진리를 깨닫고 수행(착한 일)을 하면 구원을 얻을 것처럼 속여서 구원자 예수님을 찾지 못하도록 한다.

다만 이것이 영적 사실이라 할지라도 다른 종교를 믿는 사람들을 대할 때는 조심하고 절제할 필요가 있다. 가령 지금 불교를 믿는 사람 앞에서 마귀가 불교를 이용하고 있다고 말한다면 서로 싸우자는 소리밖에 되지 않는다.

교회 다니는 사람 중에 간혹 십계명에서 금지한 우상을 파괴한다며 절에 들어가서 불상과 기물을 부수는 사람도 있는데, 이것은 하나님께서 보시기에도 옳지 못한 것이며 성경을 제대로 이해하지 못하는 행동이다. 자기 안에 보이지 않는 우상(자아)은 놔두고 눈앞에 보이는 우상만 없애려는 모순에 불과하기 때문이다.

성도 중에 혹시 지금 절에 다니는 사람을 전도하려는 분이 있다면, 전도 대상자를 사랑으로 섬기고 좋은 관계가 형성되었을 때 기도하며 지혜롭게 전하기를 권해드린다.

"조선 시대 이순신 장군과 세종대왕은 예수 믿을 기회도 없었는데 그분들도 원죄 때문에 지옥에 있나요?"

"세상에 악한 일, 억울하고 고통스러운 일이 왜 이렇게 많나요? 하나님이 정말 살아 계시고, 공의롭다면 어떻게 이럴 수가 있나요?"

이순신 장군과 세종대왕
(feat. 하나님은 공평하신가?)

복음을 전하다 보면 조선 시대 이순신 장군과 세종대왕에 빗대어 자기 할아버지와 할머니의 안부를 묻는 사람들이 그렇게 많다. 질문의 의도는 하나님을 믿을 기회조차 없었는데 믿지 않았다고 지옥에 보낸다면 하나님이 너무 불공평하신 것 아니냐는 뜻일 것이다.

비슷한 의도로 사람들이 흔히 하는 말 중에 "이 세상을 보라. 세상에 악한 일, 억울하고 고통스러운 일이 왜 이렇게 많은가? 하나님이 살아 계시고, 공의롭다면 어떻게 이럴 수 있느냐?"라는 질문도 있다.

1부에서 말씀드린 대로 이것은 하나님의 잘못이 아니다. 마귀의 속임수에 빠진 우리 조상의 원죄 때문이고, 원죄와 함께 죽음과 여러 가지 죄악과 고통이 우리에게 들어왔기 때문이다.

예수님이 오시기 전에 살았던 사람들뿐만 아니라 지금도 너무 일찍 죽은 아이들이나 깊은 밀림이나 외딴 섬에서 예수님에 대해 들어보지 못하고 죽는 사람이 많은 것도 사실이다.

이에 대한 성경의 대답은 사도행전 17장 30절에서 찾아볼 수 있다.

알지 못하던 시대에는 하나님이 간과**하셨거니와 이제는 어디든지 사람에게 다 명하사 회개하라 하셨으니.**

성경은 예수님을 알 수 없었던 시대에는 하나님께서 예수님을 모르고 산 것에 대해 간과(看過)하신다고 말씀한다. 간과란 보고도 그냥 넘어간다는 의미이다.

하나님은 어떤 이들이 생각하는 것처럼 속이 좁고 옹졸한 분이 아니다. 오히려 오래 참고 자비하셔서 모든 사람이 구원 얻기를 원하신다.

그 사랑을 따라 예수님을 모르고 죽은 사람들은 하나님께서 각 사람에게 주신 마음 즉 양심(良心)에 따른 행동으로 심판을 받는다는 신학적인 견해도 있다. (물론 이는 여러 신학적 견해 중 하나이다.)

여호와께서 만민에게 심판을 행하시오니 여호와여 나의 의와 나의 성실함을 따라 나를 심판하소서. 악인의 악을 끊고 의인을 세우소서 의로우신 하나님이 사람의 마음과 양심을 감찰하시나이다. 시 7:8~9

율법 없는 이방인이 본성으로 율법의 일을 행할 때에는 이 사람은 율법이 없어도 자기가 자기에게 율법이 되나니 이런 이들은 그 양심이 증거가 되어 그 생각들이 서로 혹은 고발하며 혹은 변명하여 그 마음에 새긴 율법의 행위를 나타내느니라. 롬 2:14~15

하지만 구원에 있어 가장 중요한 사실은 어떤 사람이 구원을 받는지 아닌지는 오직 하나님만 아신다는 것, 즉 구원하심은 전적으로 하나님과 그 아들 어린 양 예수님께 있다는 사실이다. 우리는 다른 사람이 구원을 받았네, 못 받았네 하고 판단할 구원의 재판관이 아니요, 나 또한 구원의 대상이라는 사실을 잊으면 안 된다.

큰소리로 외쳐 이르되 구원하심이 **보좌에 앉으신 우리** 하나님과 어린 양에게 있도다 하니. 계 7:10

우리에게 위로가 되는 한 가지 사실은 성경 말씀처럼 예수님은 사랑과 공의 그 자체이셔서 언제나 공정하게 판결하시니 어떤 경우에도 실수가 없다는 것이다. 그러므로 억울하게 지옥에 갈 사람은 한 사람도 없다고 생각한다.

이런 질문을 하시는 분 중에는 성경에서 언급되지 않는 모호한 부분을 가지고 전도자와 논쟁을 하려는 분이 많았다. 그러나 성경은 정확하지 않은 것을 가지고 변론(논쟁)하는 것은 다툼만 일으킬 뿐이라고 하셨다.

그럴 때는 그냥 성경에 기록되지 않았으니 잘 모른다고 하면 될 일이지 굳이 다투고 싸우지 말라는 말씀이다. 모호한 부분은 우리가 죽어 하나님 앞에 섰을 때 명확하게 알게 될 것이다.

한 가지 분명한 것은 이 책을 읽는 분 중에 아직 예수를 믿지 않는 분이 계신다면 당신은 예수님이 오시기 전에 태어난 사람도 아니고, 북한처럼 예수님에 대해 들을 수 없는 곳에서 태어난 사람도 아니며, 지금 복음을 듣고 있다는 사실이다.

그러므로 성경이 "알지 못하던 시대에는 하나님이 간과하셨거니와 이제는 어디든지 사람에게 다 명하사 회개하라 하셨으니."라고 말씀하신 것처럼, 당신이 해야 할 일은 복음을 듣고 회개하며 예수님을 영접하는 것이다.

"동성애는 유전되는 것이라 우리도 어쩔 수 없어요."

"사람을 사랑하는데, 뭐가 나쁜가요? 사랑의 하나님께서 동성애 하나도 포용하지 못하시나요?"

"기독교는 사랑이라면서 왜 동성애를 혐오하고 차별금지법을 반대하나요?"

| 차별금지법(평등법)과 동성애

앞에 타 종교에 대한 비교와 함께 이번 동성애 문제도 썼다가 지우기를 여러 차례 반복하였다. 옳고 그름을 따지다가 자칫 타 종교와 동성애자들을 비난하는 것처럼 보인다면 쓰지 않는 것이 오히려 나을 수도 있기 때문이다.

아직까지 전도하면서 동성애와 차별금지법 질문을 직접 받은 적은 없었다. 그러나 얼마 전 인터넷 신문을 읽다가 자칭 목사라는 사람이 "동성애는 사람을 사랑하는 것인데 뭐가 나쁜가? 사랑의 하나님께서 동성애 하나도 포용하지 못하시겠나?"라고 인터뷰하는 것을 보고 어떻게 목사가 저렇게 말할 수 있나 싶어 충격을 받은 적이 있었다.

더불어 동성애자들이 교회가 겉으로는 사랑을 말하지만 실제로는 자기들을 혐오한다며 교회를 비난하고 차별금지법(평등법)이란 법을 만들려는 상황에서 그렇지 않다는 것을 적어도 성도들에게는 알리기 위해 부득불 책에 싣기로 하였다.

　동성애로 인해 멸망한 소돔과 고모라가 성경에 기록되어 있을 정도로 동성애의 역사는 오래되었다. 그만큼 논쟁도 많고, 얼마 전까지는 정신과 교재에 정신병으로 분류되었을 만큼 터부시되었던 것도 사실이다.

　그러던 것이 최근에 동성애는 '문화'현상이며 개인의 '인권'이므로 자유롭게 인정해 줘야 한다는 목소리가 힘을 얻고, 드라마나 영화 같은 대중문화도 동성애를 사람이 사람을 사랑하는 애틋한 사랑으로 묘사하는 시대가 되었다.

　동성애자들은 '성적 정체성'과 '성적 지향'이란 용어를 사용하는데 성적 정체성은 비록 몸은 남자지만 자기가 생각하는 정체성은 여자일 수 있다는 뜻이며, 성적 지향은 비록 몸은 남자지만 자기가 끌리는 성은 남자일 수 있다는 것이다.

　이런 동성애 성향은 선천적으로 유전된 것이기에 자기들도 어쩔 수 없다고 주장하였으며 이것이 1993년 과학지 『사이언스』에 마치 사실인 것처럼 실리기도 했었다.

그러나 2019년 8월 30일 자 매일경제 기사에 따르면 미국 하버드대학과 영국 케임브리지대학 공동연구진이 미국과 영국에서 동성 간 성행위를 한 적이 있다고 응답한 남자와 여자 47만 7,522명의 전체 유전자를 검사하여 최종적으로 동성애 유전자는 존재하지 않는다는 사실을 발표하면서 동성애가 유전된다는 주장의 허구를 밝혀냈다고 한다. 동성애가 선천적으로 유전된다는 주장은 사실이 아니었던 것이다.

동성애는 개인의 선택이고 자유가 맞다. 하지만 모든 선택에는 결과가 따르듯이 동성애의 결과는 HIV 바이러스로 인한 에이즈와 각종 성병 감염이다.

물론 에이즈의 원인에 대해 진보와 보수 언론의 시각 차이와 논쟁은 여전히 존재한다. 다만 2018년 10월 12일 자 메디포뉴스 보도에 따르면 연세대학교 감염내과 김준명 명예교수가 2006년부터 12년간 질병관리본부와 전국 21개 대학병원 에이즈 연구소 등과 공동으로 연구한 논문을 발표했는데, 논문 중 국내 10, 20대 에이즈 환자 중 75%가 동성 간 성 접촉을 통해 감염되었으며, 10

대의 경우 무려 93%가 동성 간 성 접촉에 의한 감염이었다는 것만 봐도 에이즈의 가장 큰 원인은 동성 간 성행위에서 발생한다고 보는 것이 맞을 것이다.

감염 외에 또 다른 문제는 비용이다. 에이즈가 증가하면서 치료 비용도 막대하게 들어가고 있다. 2022년 현재 에이즈 환자 1인당 약값이 한 달에 약 600만 원인데, 1년이면 7,200만 원이며 전액 국가 보조이다. 10%는 본인 부담인데 이것도 나중에 환급되며 심지어 아파서 입원하면 입원비, 치료비, 간병비까지 전액 국가에서 지급된다고 한다.

비용이 아깝다는 이야기를 하는 것이 아니다. 에이즈 바이러스가 사회로 더 퍼지는 것을 막기 위해 필요하다면 돈을 써야 한다. 다만 타인과 공동체를 배려하지 않는 동성애자의 도덕적 해이와 형평성을 말하는 것이다. 실제로 동성애 사이트에는 에이즈에 걸려도 국가에서 전액 치료해 주는데 무슨 걱정이냐는 말까지 돌고 있다고 한다.

동성애는 이처럼 타인에게 에이즈 감염과 막대한 치료비 등 심각한 사회 문제를 유발하고 있으니 상식적으로 개인의 자유가 타인과 공동체에 해를 끼친다면 하지 못하도록 제재(制裁)해야 맞을 것이다. 그런데 어찌 된 일인지 동성애는 비판하면 인권을 무시하고 소수자를 차별하는 사람으로 몰아가는 이해할 수 없는 상황이 되어 가고 있다.

그럼 성경은 동성애에 대해 뭐라고 말씀하실까?

하나님이 자기 형상 곧 하나님의 형상대로 사람을 창조하시되 남자와 여자를 창조하시고. 창 1:27

하나님이 노아와 그 아들들에게 복을 주시며 그들에게 이르시되 생육하고 번성하여 땅에 충만하라. 창 9:1

하나님은 남자와 여자를 만드시고 남녀가 결혼하여 자녀를 낳고 번성하라고 말씀하셨다. 이것이 태초에 하나님께서 인간을 창조한 자연법칙이다.

그러나 동성애는 사람을 남자와 여자로 나누신 하나님의 창조계획과 자연법칙을 정면으로 거부한다. 하나님께서 남자와 여자만 만드신 것이 싫고, 제3의 성인 동성애자도 있다면서 남자가 남자를 사랑할 수 있고, 사람을 사랑하는 것인데 무슨 죄냐고 말한다.

하지만 성경은 이것을 죄라고 하신다. 동성애는 '문화'나 '인권'의 문제가 아니라 '죄'의 문제라고 분명하게 말씀하시는 것이다.

더하여 하나님을 거부하고 하나님의 창조 섭리를 정면으로 거절한 죄이기에 동성애를 하는 사람들은 하나님의 나라(천국)를 유업으로 받지 못한다고도 말씀하신다.

불의한 자가 하나님의 나라를 유업으로 받지 못할 줄을 알지 못하느냐 미혹을 받지 말라 음행하는 자나 우상 숭배하는 자나 간음하는 자나 탐색하는 자나 남색(男色)하는 자나 도적이나 탐욕을 부리는 자나 술 취하는 자나 모욕하는 자나 속여 빼앗는 자들은 하나님의 나라를 유업으로 받지 못하리라. 고전 6:9~10

동성애 문제의 뒤에도 어김없이 마귀가 숨어 있다. 마귀는 하나님께서 만드신 좋은 것에 가라지를 섞는 재주가 있기 때문이다. 태초에도 하나님의 말씀에 거짓말을 섞어서 인간을 타락시켰던 것처럼, 동성애도 하나님께서 만드신 아름다운 성(性)을 왜곡하여 순간적인 쾌락의 도구로 만들어 버렸다.

최근 동성애자들은 교회가 성경을 근거로 동성애를 혐오하고 차별하면서 동성애자들의 인권을 억압한다고 주장한다. 하지만 이것도 사실이 아니다. 하나님은 사람과 죄를 구별하신다. 가령 죄악인 동성애는 미워하시므로 그 죄에서 돌이키기를 바라시지만, 동성애자는 긍휼히 여기고 사랑하신다.

마찬가지로 교회도 하나님께서 동성애를 죄라고 하시니 죄라고 지적하며 반대하는 것이다. 동성애뿐 아니라 죄는 어떤 죄든 포용이 아니라 지적하고 반대해야 한다. 그래야 죄를 행한 사람은 죄를 깨닫고 돌이키며, 공동체와 사회로 그 죄와 질병이 더 이상 퍼지지 않기 때문이다. 만약 교회가 동성애가 죄라고 반대하지 않는다면 동성애는 지금보다 더 무서운 속도로 우리 사회에 퍼져 나갈 것이다.

보통 도둑질, 강도, 살인 등 죄를 짓는 사람들은 몰래 숨어서 한다. 하나님께서 각 사람에게 주신 양심(죄책감, 부끄러움)이 있기 때문이다. 그러나 동성애자들은 죄책감과 부끄러움이 없는 것처럼 행동한다. 오히려 "사랑하는데, 뭐가 나쁜가?"라고 강변하며 동성 간 성행위를 함께 하자고 부추기는 축제를 대낮에 벌인다. 어떤 죄도 죄를 합법화해 달라고 요구하며 축제까지 벌이지 않는데 말이다.

우리나라 동성애자들은 한 걸음 더 나아가 동성애가 잘못되었다고 말하는 것조차 차별금지법(평등법)이란 이름의 법을 만들어 금지하기를 원한다.

잘못 알려진 것처럼 교회는 차별금지법 자체를 반대하는 것이 아니다. 차별금지법은 성별, 장애, 나이, 피부색과 출신 국가 등에 따른 차별을 금지하는 좋은 법안이다.

링컨이 흑인들의 자유를 위해 노예제를 폐지했을 때도 하나님께서 모든 사람을 창조하실 때부터 자유를 주셨다는 성경 말씀에 순종하고자 했던 것처럼, 성경은 타인의 자유를 억압하는 차별을 금지하신다.

다만 교회는 차별을 금지하는 다른 조항들과 더불어 동성애 차별을 금지하는 조항이 함께 법안에 들어가는 것을 반대할 뿐이다.

차별의 정의는 스스로 선택할 수 없는 장애나 인종 같은 것을 차별하고 부당하게 대하는 것을 의미한다. 그러나 본인이 선택한 것이 다른 사람과 사회에 해악을 끼치지 못하도록 반대하는 것을 차별이라고 할 수는 없다.

가령 실내에서 담배를 피우는 사람에게 비흡연자가 제재하는 것은 차별이 아니다. 담배는 본인이 선택한 것이지만 타인에게 피해를 주기 때문이다.

마찬가지로 동성애도 하버드대학의 연구처럼 유전이 아니라 본인이 선택한 것이고, 이것이 사회에 감염과 비용 등 여러 가지 문제를 유발하고 있으니 위험성을 알리고 하지 못하도록 하는 것을 차별이라고 하면 차별의 정의에도 맞지 않는다.

미국이나 영국 등 차별금지법이 이미 통과된 나라들은 동성애가 잘못되었다고 말하면 처벌을 받는다. 만약 이런 악법이 우리나라에서도 통과된다면 초등학교에서부터 제3의 성이 있다면서 동성애 교육이 시작될 것이고, 학부모가 잘못되었다고 항의하면 벌금을 물거나 구속될 수도 있다.

동성애자들은 이 법이 통과되어도 처벌을 받지 않는다고 주장하지만, 당분간 형사처벌은 아니라고 해도 '징벌적 손해배상'을 해야 하고 민사 소송도 가능해진다.

실제 2013년 미국 오리건주에서 한 동성 커플이 '멜리사 스윗케이크'라는 제과점에 자신들의 결혼식에 쓸 케이크를 주문했는데, 제과점 부부가 신앙 때문에 케이크 제작을 거절하자 동성 커플은 불쾌한 차별을 당했다며 법원에 소송하였다. 이에 오리건주는 차별금지법 위반을 이유로 제과점 부부에게 벌금 13만 5,000달러(당시 한화 약 1억 6,000만 원)을 부과하고 제과점 폐쇄를 명령하였다. 부부는 이에 항소하였고, 첫 소송에서 주 법원은 주 당국의 처분이 적합하다고 판결하였다.

제과점 부부는 다시 연방법원에 상고하였고, 연방법원은 논란이 되는 종교의 사유가 차별금지법 면제 대상이 될 수 있는지에 대해서는 판단을 보류한 채, 항소법원이 사건을 재고해야 한다며 사건을 주 법원으로 돌려보냈다. 이는 논란은 피하면서 제과점 부부의 손을 들어준 것으로 당시 미국 사회의 뜨거운 관심을 받았었다.

이런 법이 2023년 현재 우리나라에서도 민주당과 정의당 두 진보 정당 의원들을 중심으로 입법과 법안 통과가 끊임없이 시도되고 있다. 그러므로 성도들은 정치적으로 보수나 진보 어느 쪽을 지지하는지에 상관없이 그 정당이나 국회의원이 추진하는 입법이 과연 하나님께서 보시기에도 합당한 것인지 두 눈을 크게 뜨고 지켜봐야 할 것이다.

평등법 저지를 위해 노력하는 분 중에는 평등법 때문에라도 그리스도인은 보수정당을 지지해야 한다고 말하기도 한다. 진보 정당에서 평등법 입법을 계속 시도하고 있으니 타당한 말처럼 보이기도 한다.

하지만 성도는 이 문제 너머의 본질을 봐야 한다. 이 문제의 뒤에도 마귀가 숨어 있어서이다. 마귀는 언제나 사람들끼리 옳고 그름을 따질 때 역사하여 분열시키고 싸우게 만든다. 그는 동성애뿐 아니라 지역, 남녀성별(Gender, 젠더), 빈부 차이 등 모든 차이를 이용하여 할 수 있으면 사람들 사이를 분열시키고, 정치적으로도 좌파와 우파의 이념 차이를 이용해 싸우도록 만들고 뒤에서 기뻐하며 즐거워한다.

평등법도 이를 통해 교회 내에서 좌와 우로 갈라져서 싸우고, 평등법을 막는 과정에서 동성애자들과 격렬하게 싸우는 것을 보고 가장 기뻐할 이 역시 마귀이다.

물론 성도도 보수나 진보의 정치적 성향을 가지 수 있다. 그러나 정치 성향이 나와 다르다고 교회에서조차 서로 미워하고 싸우는 것은 마귀가 간절히 원하는 바이다. 그러므로 평등법뿐 아니라 정치 이념의 문제에서 성도들은 좌파나 우파가 아니라 예수파가 되어서 나라와 민족 그리고 교회를 위해 깨어 기도해야 한다. 성도는 세상에서 살아가지만, 세상 것(이념과 정치)에 묶여 있는 사람들이 아니기 때문이다.

평등법을 막기 위해 앞장서 행동하는 것은 꼭 필요하고 중요한 일이다. 그러나 행동하기에 앞서 혹시 내 안에 동성애자를 향한 미움과 분노는 없는지 분별하고 다음으로 문제 뒤에 있는 마귀의 강력한 진(陣)이 무너지고 하나님의 뜻이 온전히 드러나시도록 미움과 분노가 아니라 사랑으로 해야 한다고 생각한다.

거듭 말하지만, 교회와 성도들이 원하는 것은 동성애를 행하는 사람들을 혐오하고 차별하려는 것이 아니다. 교회 내에 일부 싫어하는 분이 있는 것도 사실이나 대부분의 교회와 성도는 그들을 사랑한다. 하나님께서 그들을 사랑하여 돌이키기를 바라기 때문이다. 그러므로 교회도 그들이 죄를 버리고 하나님께 돌아오기를 간절히 바라고 기도한다.

다만 차별금지법을 만들어서 성경에서 죄라고 말씀하시는 동성 간 성행위를 잘못되었다고 말도 하지 못하도록 법으로 금지하는 것은 다수를 억압하는 또 다른 역차별이며, 말할 수 있는 자유를 침해하는 악법이 될 수 있기에 반대하는 것이다.

"진화론 때문에 신앙이 송두리째 흔들리는 느낌입니다."
"학교에서 가르치는 진화론이 성경의 창조보다 더 과학적인 것 아닌가요?"
"그리스도인들은 과학을 부정하는 것인가요?"
"만약 UFO와 외계인이 있다면 하나님이 존재하지 않는 것 아닌가요?"
"하나님이 천지를 창조했다는데 하나님은 어디서 왔고 그것을 본 사람이 있나요?"

| 창조 VS 진화론

전도하다 보면 연세가 좀 있는 분들은 진화론에 별 관심이 없지만, 젊은 사람들은 학교에서 진화론을 과학적 사실처럼 배우다 보니 위와 같은 질문들을 많이 한다. 어쩌면 지금 시대 젊은이와 아이들에게 복음이 전해지는 것을 가장 어렵게 만드는 것이 진화론이 아닐까 생각한다.

다음 내용은 젊은 사람들의 눈높이에 맞춰 자세히 설명하려다 보니 쉽게 쓰려고 노력했음에도 연세가 있는 분들은 이해하기 어렵고 지루할 수도 있겠다. 그러나 최소한 아래 내용 정도는 이해하고 있어야 마귀가 학문이라는 이름으로 교묘하게 쳐놓은 진화론의 덫에서 내 영혼과 아이들의 영혼을 지킬 수 있으니 이해해 주시길 바란다. 그래도 진화론에 관심이 없다면 마지막 이 주제는 넘어가도 좋겠다.

더불어 진화론의 가장 큰 문제는 불신자뿐 아니라 교회 다니는 젊은이 가운데도 "진화론 때문에 신앙이 송두리째 흔들리는 느낌입니다."라고 말하는 이들이 적지 않다는 사실이다.

나 역시 목사의 아들임에도 진화론이 창조보다 더 합리적이라고 생각했다. 고등학교를 졸업하고 오랜 시간 교회를 떠났던 이유도 세상에서 내 마음대로 즐기고 싶은 마음도 있었지만, 또 다른 이유는 진화론을 의심하지 않고 사실이라고 믿었기 때문이다. 그리고 진화론을 믿는다면 성경은 자연스레 믿지 못할 책이 되어버린다.

이 책을 읽는 학부모가 있다면 내 아이의 영혼을 잃어버리지 않기 위해 아이가 진화론에 대해 어떻게 생각하는지 진지하게 확인해 볼 필요가 있겠다. 우리 속회(구역)에도 진화론으로 인해 하나님을 믿기 힘들어하는 아이를 둔 가정이 있는데, 처음 이 챕터를 쓰면서 그 아이에게 도움이 되었으면 하는 마음을 갖고 시작하였다. 비슷한 환경에 있는 가정에도 도움이 되면 좋겠다.

많은 아이가 학교에서 배운 진화론을 성경에 기록된 창조보다 더 과학적이라고 생각하지만, 부모가 교회에 다니니까 드러내 놓고 말하지 않는 경우가 많을 것이다. 그러다가 부모에게서 독립한 후에는 교회를 떠날 확률이 높다. 나 역시 그랬고 미국도 학교에서 진화론을 가르치기 시작한 1960년대부터 교인 수가 급감하기 시작했던 것처럼 말이다.

나는 과학자가 아니기에 진화론의 모순과 문제점을 정리하기 쉽지 않았는데, 진화론에 대해 잘 설명해 주는 과학자들의 책과 강의가 큰 도움이 되었다. 나는 정리만 했을 뿐, 그분들에게 감사를 돌린다. 세상 많은 분야에서 마귀가 권세를 잡은 이 시대에 과학과 교육의 영역뿐 아니라 정치, 경제, 문화, 언론 등 모든 영역에서 하나님의 영광을 드러내는 성도들이 많이 일어나기를 기도한다.

참고했던 책과 강의는 강병철 외 12인이 쓴『하나님을 믿는 서울대 과학자들』(부흥과 개혁사, 2019)이라는 책과 서울대 공학 박사인 손영광 박사님의 "진화론은 과학이 아닌 믿음"이라는 강의와 천문학 박사이자 미국 나사(NASA)의 연구원이었던 김진호(김진호는 유튜브 채널명이자 필명이다.) 그리고 '핑거오브토마스' 〈Fingerofthomas.org〉라는 사이트이다.

진화론은 실험에 근거를 둔 학문이 아니라 믿음(가설)에 근거를 둔 이론이다

진화론자들은 진화는 과학이기에 사실이라고 말한다. 이런 말에 영향을 받은 젊은이들 역시 "학교에서 가르치는 진화론이 성경의 창조보다 더 과학적인 것 아닌가?"라는 질문을 교회에 하고 있다.

하지만 본격적인 이야기에 앞서 "과학은 과연 완벽한 것일까?" 하는 질문부터 먼저 해야 할 것 같다. 실은 그렇지 않다. 최근 연구가 활발한 '양자역학'은 기존의 과학 법칙으로는 도저히 설명할 수 없는 물질 너머의 세계가 존재한다는 것과 과학이 모든 것을 설명할 수 없다는 것을 알려 주고 있다.

하나님의 천지 창조는 성경에만 기록되었을 뿐, 눈으로 본 것도 아니고 과학으로 증명하지 못하기에 종교이며 믿음이라는 진화론자들의 주장은 맞는 말이다.

그렇다. 성경은 과학에 관한 것이 아니다. 애초에 하나님이 존재한다는 것, 예수 그리스도의 동정녀 탄생과 예수님께서 이 땅에서 보여 주신 초과학적인 기적과 부활도 과학으로는 설명하고 증명할 길이 없다. 영(靈)과 천국과 지옥도 마찬가지이다.

그러나 이것이 하나님의 존재와 천지 창조를 부정하는 증거가 되지는 못한다. 물질 너머에 영으로 계신 하나님과 무에서 유를 만드신 하나님의 천지 창조는 초과학적인 일이라 눈에 보이는 현상만 이해할 수 있는 과학으로는 증명할 길이 없기 때문이다. 진화론자들의 주장처럼 성경은 '비과학적인 것'이 아니라 '과학으로는 증명할 수 없는 것들'이 기록된 책인 것이다.

다시 과학과 진화론 이야기로 돌아와서, 과학은 일반적으로 관찰이나 실험을 통해 변하지 않는 결론(법칙)을 도출하며, 이 결론은 반복적인 재현이 가능하다. 적어도 눈에 보이는 물질적인 세계에서는 말이다. 이것이 우리가 알고 있는 자연과학의 일반적인 정의이다.

하지만 생물학(더 정확히 진화론)은 물리나 화학처럼 실험으로 증명할 수 있는 자연과학과 달리 과거에 일어난 사건을 관찰하고 실험할 수 없기에 남겨진 화석이나 지층을 보고 과거에 만약 이

랬다면 이랬을 것이라는 가설을 사용할 수밖에 없고, 그 과정에서 주관적인 생각(믿음)이 개입되어 오류가 생길 여지가 있다.

진화론이 과학적 실험이 아니라 주관적인 가정과 믿음에 근거를 두고 있다는 말인데, 이것은 내 주장이 아니라 진화론을 연구하는 학자들이 스스로 하는 말이다.

가령 진화학자 마이클 루스(Michael Ruse)는 "진화론은 어느 단계에서는 경험으로 증명할 수 없는, 선험적 혹은 형이상학적 가정을 필요로 하는 종교와 같다."라고 하였다.

다윈 이후 가장 영향력 있는 진화학자 중 한 사람으로 인정받았던 하버드 대학의 동물학 교수 에른스트 메이어(Ernst Mayr)도 진화론은 (실험을 통한 결과가 아니라) 가설을 통해 하나의 역사적 이야기(a historical narrative)를 고안해 내는 과학이며, 이 과정에서 학자의 주관적 믿음이 개입될 수밖에 없다고 인정하였다.

이런 생각(가설)을 가지고 연구를 하다 보면 가설에 맞춰서 결과물을 해석하기에 그 과정에서 오류가 생길 여지가 있다. 예를 들어 똑같은 화석을 보고도 창조를 믿는 사람은 화석의 형태는 비슷하게 보일 수 있지만 완전히 다른 종이라고 보고, 진화론을 믿는 사람은 오랜 시간을 두고 진화되는 중간과정의 형태라고 믿는 것이다.

이런 믿음과 가설이 잘못되면 학자로서 넘지 말아야 할 선까지 넘고 마는데, 지금까지 진화론이 보여 줬던 오류와 심지어 의도적인 사기들 역시 이런 믿음에서 기인하였다.

생물 교과서에도 실렸던 헤켈의 배아 발생도를 기억할 것이다. 헤켈은 모든 생물은 같은 조상에서 진화했기에 배아의 모습도 비슷할 것이라는 믿음(가설)을 가지고 있었고, 이런 생각으로 증거를 찾았지만 성과가 없었다. 그래서 서로 발생 일수가 다른 동물들의 배아 그림을 조작하여 가짜 배아 발생도를 만들어 냈다. 그렇게 조작한 그림이 교과서에까지 실렸고, 세월이 흘러 마이클 리처드슨에 의해 조작임이 드러난다. 다음 그림에서 윗줄은 헤켈이 그린 조작된 배아 그림이고, 그 아래는 실제 동물들의 배아 사진이다.

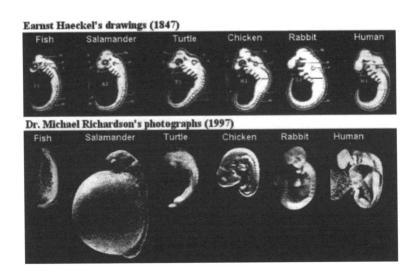

Earnst Haeckel's drawings (1847)

Fish　　Salamander　　Turtle　　Chicken　　Rabbit　　Human

Dr. Michael Richardson's photographs (1997)

Fish　　Salamander　　Turtle　　Chicken　　Rabbit　　Human

　　많은 사람들이 "그리스도인들은 과학을 부정하는가?"라는 질문을 한다. 그러나 기독교인들은 과학을 부정하는 것이 아니다. 과학적인 것처럼 보이나 실은 과학이 아니라 믿음(가설)에 불과한 진화론을 부정하는 것이다.

무에서 유가 생겼다는 진화론으로는
생명의 시작을 설명하지 못한다

　　그렇다. 진화론으로는 만물(우주와 생명)의 시작을 설명하지 못한다. 먼저 생명의 시작에 대해 알아보자.

진화론에서는 늪 같은 곳에 비가 내려 배양액이 만들어지고 그 배양액의 무생물에서 최초 생명체가 '오랜 시간'을 거쳐 '우연히' 생겨났다고 주장한다.

하지만 진화론의 주장처럼 오랜 시간을 거쳐 우연히 무생물에서 생물이 발생된 것은 지금까지 한 번도 관찰된 적도, 실험된 적도 없다.

진화론의 주장처럼 만약 무생물에서 생물이 생겨나는 것, 즉 생명체의 기원을 실험으로 밝히는 것이 가능하다면, 진화론은 단순 주장이 아니라 과학적 사실로 인정받을 수 있을 것이다. 그러나 그것은 파스퇴르의 실험을 통해서 오히려 불가능하다는 것이 밝혀졌다.

1862년 파스퇴르는 충분히 끓여서 미생물을 제거한 고기즙을 플라스크에 넣고 플라스크 목을 S 자로 구부려 공기는 들어오지만, 미생물은 출입하지 못하도록 한 플라스크와 S 자 목 부분을 잘라 미생물이 자유롭게 들어갈 수 있는 두 가지 플라스크를 준비하였다.

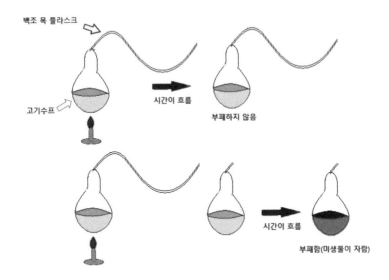

〈파스퇴르의 플라스크 실험〉

백조 목 플라스크

고기수프

시간이 흐름

부패하지 않음

시간이 흐름

부패함(미생물이 자람)

　그 결과 목 부분을 잘라 미생물이 침투하게 만든 플라스크의 고기즙은 곧 썩어 버렸으나, S 자로 구부려서 미생물이 침투하지 못하도록 한 것은 150년이 지난 지금도 썩지 않고 그대로 박물관에 전시되어 있다.

　이 실험은 '생물속생설'에 따라 생물은 절대로 자연적으로는 만들어지지 않는다는 것을 보여 준다. 즉, 생물은 무생물에서 나오지 않고 오직 생명에서만 나온다는 것을 과학적인 실험으로 증명한 것이다.

이후 진화론은 잠잠해졌다가 1953년 스탠리 밀러가 진행한 화학 실험을 통해 다시 부활하는 것처럼 보였다. 스탠리가 유리관 속에 당시에 초기 지구 환경이라고 여겼던 암모니아, 메탄, 수소, 수증기를 넣고 전기 충격을 가하여 그 안에서 생명체의 성분 중 하나인 아미노산을 만들어 냈기 때문이다. 아무것도 없는 상태에서 물질(아미노산)이 만들어져서 생명의 기원이 밝혀지는 것처럼 보였기에 이를 통해 꺼져 가던 진화론이 다시 고개를 들기 시작하였다.

〈밀러의 실험〉

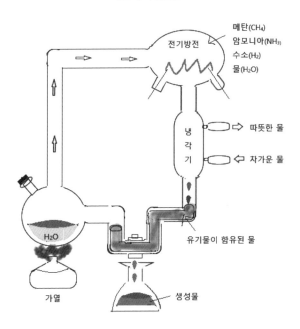

문제는 이후 1960년대 지구 환경 연구가 진행되면서 지구는 암모니아로 뒤덮인 적이 없었고, 원시 대기에도 지금처럼 최소 약 20%의 산소가 있었음이 밝혀졌다.

그러나 밀러는 암모니아를 사용하였고 산소를 (일부러?) 제외하였다. 이유를 추측해 보면 전기 스파크를 통해 화합물이 형성되더라도 산소가 있다면 산화되어 없어지므로 일부러 산소를 제외한 것이 아닐까 싶다.

또한 밀러는 만들어진 아미노산을 냉각기를 사용해서 인위적으로 냉각한 후 바로 농축시켰는데, 이는 합성된 아미노산이 자연 상태로 두면 분해되는 것을 막기 위한 것으로 보인다. 다시 말해 밀러의 실험에서 암모니아와 냉각기가 없었다면, 그리고 산소가 있었다면 아미노산은 애초에 합성되지 않았을 것이다.

이 외에도 몇 가지 문제가 있어 밀러의 실험은 잘못된 것으로 최종 밝혀졌고, 1996년 밀러 자신도 1953년 실험에서 사용된 기체 조성이 실제 지구의 초기 환경과 일치하지 않는다는 것을 인정하였다. 그런데도 밀러의 실험은 아직도 국내 고등학교 교과서에 실려 진화의 증거로 소개되고, 나무위키 같은 인터넷 공간에서도 사실인 것처럼 주장되고 있으니 안타까운 일이다.

밀러의 실험은 잘못되었지만, 백 번 양보하여 설령 아미노산(유기물)이 만들어졌다 하더라도 그것은 생명체를 구성하는 하나의 물질일 뿐 생명체가 될 수는 없다. 아미노산을 만들어 냈다 한들, 아미노산에서 세포와 생명체가 만들어지는 과정과 확률을 과학과 수학으로는 도저히 설명할 수 없는 것이다. 확률이 없기 때문이다. 확률이 없다는 것 역시 내 말이 아니라 진화학자들이 스스로 하는 말이다.

진화론 최고의 권위자 중 하나였던 하버드대학의 스티븐 제이 굴드 교수도 그의 저서『생명, 그 경이로움에 대하여』(Wonderful Life)에서 "지구의 오랜 역사에서 인간이 등장할 확률은 어떻게 되는가?"라고 물으며 스스로 "답은 0이다."라고 하였다.

역시 하버드대 박사이며 우리나라의 대표 진화론자인 최재천 교수도 2015년 "생명의 기원" 카오스 강의 중에 "지구에 어떻게 해서 지금 우리와 같은 존재까지 탄생할 수 있었을까 하는 것을 확률로 계산해 보면 거의 있을 수 없는 일이 일어난 겁니다. 그 많은 우연과 우연이 겹치고 겹쳐서 생명이 탄생한 겁니다. 그러니까 확률로 볼 때 말도 안 되는 일이 벌어진 겁니다."라고 말하면서 확률은 거의 없지만, 그래도 어쨌든 우연과 우연이 겹치고 겹쳐서 생명이 탄생했노라 주장하였다. (그러면서 동시에 밀러의 실험으로는 지구에 생명이 탄생할 수 없다는 것을 인정하는 발언도 한다.)

무생물에서 생명이 '아주 오랜 시간'을 거쳐 '우연히' 생겨났다고 주장하면서도 그 발생의 기원을 밝혀내지 못하자, 일부 진화학자들은 생명의 기원을 알아야 진화론이 성립되는 것은 아니며 과학은 기원을 밝히는 것이 아니라 과정을 밝히는 것이라면서 기원에 대해서는 모르지만 어쨌든 임의적인 '돌연변이'와 '자연선택'을 통해 오랜 시간을 두고 다양한 종이 생겼을 것이라는 주장을 반복하고 있다.

하지만 이런 주장은 집의 바닥과 기초는 모르지만, 창문과 지붕은 안다고 말하는 것처럼 앞뒤가 맞지 않는 궤변에 불과하다.

기원을 밝히지 못하자 궁색해진 진화론 일각에서는 우주에서 외계인이 생명체를 가져왔다거나, 우주에서 생명이 운석 같은 것을 타고 왔을 것이라고 주장한다. 이는 최초 생명체의 출현에 대해서도 빠져나갈 수 있고, 만약 UFO와 외계인이 있으면 하나님이 없는 것 아닌가 하는 인상을 심어 줄 수도 있기에 진화론의 입장에서는 꿩 먹고 알 먹는 주장이다.

그러나 외계인과 UFO에 대해서는 밝혀진 증거가 없을 뿐 아니라 만약 외계 생명체를 인정한다면, 그들은 언제 어디에서 누구에 의해 생겼느냐는 문제를 다시 풀어내야 하는 복잡한 문제가 생긴다.

  설령 외계인과 UFO가 존재한다고 해도, 그것이 진화론을 믿는 사람들이 주장하는 것처럼 하나님의 존재를 부인하는 증거가 될 수도 없다. 외계인의 기원도 따져 보면 결국 우리와 똑같이 창조되었느냐 아니면 저절로 진화했느냐 둘 중 하나일 것이기 때문이다. 진화의 허구를 잘 알고 있는 우리 그리스도인이 보기에는 만약 외계인이 존재하더라도 그들 역시 하나님의 피조물로 하나님의 창조 섭리 안에 있기는 우리와 마찬가지이다.

  정리하면 무생물에서 유기체(아미노산)를 만든 밀러의 실험은 의도를 갖고 조작된 실험이며, 설령 아미노산이 생긴다 해도 아미노산이 생명이 될 확률은 제로(0)이다. 파스퇴르의 실험에서 증명되었듯이 생명은 오직 생명에서만 생겨날 수 있기 때문이다. 또한 무에서 유가 생긴다는 진화론의 주장은 실험으로 관찰되고 발견된 사례가 한 번도 없기에 과학적 사실이라고 할 수 없는 주장(학설, 믿음)일 뿐이다.

진화론은 우주의 시작도 설명하지 못한다

진화론은 생명의 기원을 설명하지 못할 뿐만 아니라 우주의 기원도 설명하지 못한다. (이 부분은 손영광 박사님의 강의를 바탕으로 정리하였다.)

진화 과학자들은 약 200억 년 전에 우주의 먼지와 같은 물질들이 하나의 고온, 고밀도의 지극히 작은 회전하는 점에 집중하고 응집되어 거대한 폭발로 별들이 생겨났다고 주장한다. 다시 말해 아무것도 없던 것(무)에서 거대한 폭발에 의해 우주가 생겨났다는 말이다.

그럼 200억 년 전에 회전했던 그 먼지(물질)는 어디서 온 것인가? 이에 대해서 진화론자들은 모른다고 할 것이다. 실제로 모르기 때문이다.

반론으로 진화론자들은 그러면 "하나님이 천지를 창조했다는데 하나님은 어디서 왔고 그것을 본 사람이 있느냐?"라고 묻는다. 그에 대한 대답도 "모른다."이다.

이를 정리해 보면 창조론은 태초에 하나님이 어디서 왔는지는 모르지만 '하나님'이 천지를 창조했다는 것을 믿고, 진화론도 '먼지'(물질)가 어디서 왔는지는 모르지만, 먼지가 뭉쳐서 우주가 만들어졌다는 것을 믿는다.

이렇게 보니 창조론과 진화론 모두 믿음인 것이 명백해진다. 세상의 학문과 미디어는 이것을 과학과 믿음(종교)의 대립처럼 보이게 하려고 노력하지만, 실상은 완전히 다른 두 믿음과 가치관의 대립이며 영적인 전쟁이다.

천지(우주) 창조에 대한 대답도 창조주 아니면 우연히 생겨난 것, 둘 중 하나일 뿐이다. 무생물에서 생명이 탄생할 확률이 '0'이었던 것처럼, 우주 과학자들은 우주가 우연히 만들어질 확률 역시 말도 안 되게 희박하고 불가능하다는 것을 알게 되었다.

실제 계산을 해 보면 우주에는 인간이 조절할 수 없는 이미 정해진 빛의 속도나 전자기력 같은 물리 화학 법칙들이 있는데, 가령 우주 상수, 중력 상수, 전자기력이 조금만 달랐어도 별의 핵융합 현상이 일어나지 않았을 것이며 생명의 존재도 없었을 것이라는 사실을 알게 되었다. 즉, 핵력이나 중성자 질량이 조금만 달랐어도 태양과 지구, 지구 안의 생명체 모두 만들어지지 못했다는 것이다.

정말 아주 아주 운이 좋게 우주가 생겨난 것이다. 이것을 '미세 조정'이라고 하는데, 유명한 진화학자인 리차드 도킨스도 노벨상 수상자인 스티븐 와인버그와 인터뷰 중에 이렇게 미세하게 질서 있고 균형 잡힌 우주가 매우 불편하다고 하였다. 미세 조정을 설명할 방법 역시 두 가지밖에 없기 때문이다. 섬세하게 우주 상수들의 질서를 만든 창조주를 인정하거나 아니면 진화론의 주장처럼 아주 운이 좋게 우연히 만들어졌다고 믿는 것이다.

이 우연을 설명하기 위해서 진화론이 주장하는 것은, 먼저는 아주 오랜 시간이라면 가능할 것이라는 주장(이 역시 믿음에 불과한 것)과 다중우주론이다. 다중우주론은 우주가 무한개라는 뜻인데, 무한개의 우주 중에 우리 우주는 아주 억세게 운이 좋은 우주라는 뜻이다.

하지만 우리 우주에서 다른 우주는 관측할 수 없다. 만약 관측할 수 있다면 그건 우리 우주이기 때문이다. 그러므로 다중 우주 이야기는 황당한 소설에 불과할 뿐이다.

영국 케임브리지대학 수리물리학과 교수인 존 폴킹혼도 "다중 우주론은 사이비 과학 혹은 소설일 뿐이며, 건전한 과학이 정직하게 보증할 수 있는 범위를 뛰어넘는다."라고 비판하였다.

결정적으로 진화론은 증거가 없다

마지막으로 진화론의 가장 큰 문제는 자신들 주장의 증거가 없다는 것, 다시 말하면 '대진화'의 증거가 없는 것이다.

앞서 언급한 『하나님을 믿는 서울대 과학자들』 302~303쪽에는 '진화의 증거는 충분한가?'라는 글이 실려 있는데, 결론적으로 진화에는 증거가 없다고 한다.

진화는 소진화와 대진화로 나뉜다. 소진화는 같은 종 내에서 일어나는 변화(변이)를 의미하는데 가령 개들은 같은 종이니 크기와 모양에 상관없이 서로 교배할 수 있고 교배를 통해서 큰 개, 작은 개, 털이 많은 개와 없는 개 등 얼마든지 다양한 변이가 생길 수 있다. 즉, 다윈이 진화론에서 말한 변이(소진화)는 기독교인들도 인정하는 과학적 사실이다.

대진화는 하나의 종이 변하여서 새로운 종이 되는 것, 다시 말해 어류가 양서류가 되거나 침팬지가 인간이 되는 것처럼 하나의 종이 완전히 다른 종으로 변해 가는 것을 의미하는데, 다윈은 아주 오랜 시간이 있다면 작은 변화(소진화)가 쌓이고 쌓여서 큰 변화(대진화)가 일어나며 이것을 화석으로 증명할 수 있다고 주장하였다.

반면 그리스도인은 성경에 기록된 대로 어류는 처음부터 어류로 만들어졌고, 양서류는 양서류로 만들어졌다고 믿는다. 즉, 같은 종 내 변이인 소진화는 인정하지만, 한 종이 완전히 새로운 종으로 변화하는 대진화는 인정하지 않는다.

안타깝게도(?) 화석으로 진화를 증명할 수 있다고 말한 다윈이 죽은 지 백 년이 훌쩍 넘었고 그동안 무수히 많은 화석이 발견되었지만, 진화를 뒷받침할 만한 '중간 단계 화석'은 나타나지 않고 있는데, 이것을 영어로 'missing link'(끊어진 고리)라고 한다.

다윈의 주장처럼 생물 종이 다른 생물 종으로 변하려면 한 번에는 될 수 없다. 가령 어류가 양서류가 되려면 중간에 여러 단계를 거쳐야 하는데, 그 중간 단계 증거가 없는 것이다. 마찬가지로 원숭이와 사람이 공통의 조상에서 갈라졌다는 진화론의 주장을 증명하기 위해서는 이를 증명하는 중간 단계 화석이 발견되어야 하는데 증거가 매우 부족하다.

가끔 있다고 주장하는 것들이 있어도 문제는 너무 숫자가 적고 불연속적이며 때로는 원숭이나 사람(현생인류)의 화석을 가져다

중간종이라고 주장하거나 심지어 조작을 하기도 했다.

가령 오스트랄로피테쿠스(루시), 자바원인은 중간종이 아니라 원숭이였고, 네안데르탈인, 크로마뇽인은 중간종이 아니라 현생 인류(사람)였으며, 하이델베르크인, 네브라스카인, 필트다운인은 교묘하게 조작된 가짜였다.

위키피디아나 일부 유튜브 채널에서 원숭이와 사람의 중간 단계 호미닌(화석)이 여러 가지 있다고 주장하고 있으나, 이것은 과학적 근거가 부족하여 주류 과학계에서 인정하지 않는다. 위키는 논문을 쓸 때 주석으로 인용하면 논문이 통과되지 못할 정도로 과학적 권위가 없음에도, 그런 곳에 올라간 정보를 근거로 많은 사람이 진화를 주장하며 믿고 있으니 안타까울 따름이다.

1980년 10월 미국 시카고 자연박물관에서 160명의 당시 세계 최고 진화론자들이 모여서 회의를 했는데, 주제가 "대진화가 일어난다고 말할 수 있나?"였고, 결론은 "그렇지 않다."였다.

당시 진화론 최고의 권위자였던 하버드 대학의 스티븐 제이 굴드 교수는 "화석 기록들은 고생물학자들의 비밀스런 거래 속에서만 존재한다. 대학 교재에 나오는 자료는 꾸며진 것일 뿐, 나머지는 화석들의 증거가 아닌 적당한 추론일 뿐이다."라고 했는데, 이것은 전 세계를 아무리 뒤져도 화석 증거가 나오지 않자 화석으로 진화를 증명할 수 있다는 다윈의 주장(점진론)을 비판하면서 실제 그가 했던 말이다.

비록 화석 증거는 없었지만, 진화를 지지했던 굴드는 증거가 없는 치명적인 약점을 극복하고자 다윈의 점진론 대신 '단속평형설'이라는 새로운 이론(가설)을 내놓았다. 이것은 정상적인 기간에는 진화가 일어나지 않다가, 빙하기 같은 대규모의 기상 이변으로 환경이 악화되면 생물들이 짧은 시간에 급격하게 진화한다는 주장이었다.

하지만 이를 유심히 살펴보면 다윈은 '오랜 시간 점진적' 진화를 주장했고, 굴드는 '짧은 시간 급격한' 진화를 주장하기에 둘은 서로 완벽히 모순되는 이론이다. 즉, 굴드의 단속평형설은 화석 증거가 없다는 이유로 다윈의 점진설을 부정하고, 매우 긴 시간을 주장하는 다윈의 점진설은 짧은 시간에는 '우연히' 복잡한 생명이 발생할 수 없기에 굴드의 단속평형설을 부정하는 상호 모순에 빠지게 된다.

이에 대해 리차드 도킨슨도 굴드를 비판하면서 "만약 진화론자가 점진성(오랜 시간)을 포기하면 진화론을 창조론보다 더 합리적으로 만드는 유일한 이론을 버리는 것이다."라고 하였다.

진화론자들은 아마 예수님께서 다시 오실 때까지 중간종 화석을 찾아 전 세계를 돌아다닐 것이다. 그리고 조금이라도 이상한 모양의 사람이나 원숭이 뼈가 발견되면 그것이 원숭이에서 사람으로 변화되는 중간종이라고 발표할 것이다.

그동안 멸종된 동물의 어금니 하나만을 가지고 중간종(네브래스카인)이라고 주장했고, 사람의 턱뼈만 가지고 중간종(하이델베르크인)이라고 발표하기도 했으며, 심지어 원숭이 머리뼈와 사람 다리뼈를 가져다가 중간종(자바원인)이라고 주장했던 것처럼 말이다.

이렇듯 진화론은 화석 증거가 없다는 치명적인 약점에도 불구하고 여전히 교과서에 실려 있기에 학교에서 이를 배운 사람들은 진화론을 마치 과학적 사실인 것처럼 오해하고 있으니 심각한 문제가 아닐 수 없다. 반드시 바로잡아야 할 부분이라고 생각한다.

진화론자들은 설령 진화론에 여러 가지 문제가 있다고 해서 그것이 하나님이 존재하며 성경의 창조가 옳다는 증거가 되지는 못한다며, 하나님이 존재하는 것을 두 눈으로 보기 전까지는 하나님의 존재와 창조를 인정하지 않겠다고 말한다.

그러면서 "우리(진화론자)는 생명이 초월적인 존재에 의해 생겨난 것을 도저히 받아들일 수 없기에 생명이 저절로 우연하게 생겨났다는 것을 믿는 쪽을 선택한다."라고 강변하기도 한다. 이쯤되면 진화론은 학문이 아니라, 하나의 신념(믿음)이고 종교라고 불러야 하지 않을까?

하나님께서 우리에게 선택할 수 있는 자유를 주셨기에, 역사 이래 자기 마음에 하나님 두기를 싫어하는 사람들은 항상 존재했다. 그들은 자유의지로 하나님을 부인하는 것인데, 진화론은 이들 마음에 편안한 위로가 된다.

또한 그들이 마음에 하나님 두기를 싫어하매 **하나님께서 그들을 그 상실한 마음대로 내버려 두사 합당하지 못한 일을 하게 하셨으니.** 롬 1:28

더불어 마귀의 유일한 목적도 사람들이 하나님을 찾지 못하도록 하는 것이기에 그럴듯하게 포장된 진화론과 무신론 같은 세상 학문을 교묘하게 이용하고 있다.

거짓의 아비 마귀가 장악한 세상의 학문(교육)과 언론 미디어는 계속해서 진화론을 과학적 사실이라고 속이며 하나님의 천지 창조를 부정하려고 할 것이다. 그러나 성도들은 이것이 과학과 믿음(종교)의 싸움이 아니라 믿음과 믿음의 영적인 싸움임을 잊지 말아야 한다.

또 이 뒤에는 마귀의 영적 도전이 있음을 분별하여 진화론을 믿는 사람들과 싸울 것이 아니라 숨어 있는 마귀의 견고한 진(陣)이 무너지도록 기도하면서 대적해야 할 것이다. 할렐루야!

책을 다 쓰고 나니 홀가분하지만 부족함을 많이 느낀다. 부족함은 하나님께서 가려 주시고 책을 통해 오직 하나님만 영광을 받으시고, 하나님께서 영혼들을 얻으시길 소망한다.

무엇보다 책을 쓰면서 하나님께서 내게 큰 은혜를 주셨다. 처음에는 다른 이에게 복음을 전할 마음으로 쓰기 시작했는데, 쓰다 보니 매 순간 복음의 은혜와 예수님이 필요한 사람은 그 누구도 아닌 나였음을 고백한다.

책이 나오기까지 기도하며 응원해 준 사랑하는 아내에게 감사의 마음을 전한다. 여러 차례 원고를 감수해 주신 아버지 임판석 목사님께도 감사를 드린다. 그리고 과분한 추천사를 써주신 유기성 목사님께 감사를 드린다. 마지막으로 모든 감사와 영광을 하나님께 올려 드린다. 할렐루야! 하나님만 찬양합니다.

2023년 5월 1일

오영리 전도지

오영리 전도지로 전도할 때 상호 작용을 위해 전도 대상자에게 굵게 표시된 성경 말씀을 먼저 읽어 달라고 부탁하고 전도자가 내용을 읽거나 설명하면 가장 좋지만, 상황에 따라 전도자가 말씀까지 다 읽고 전도해도 되고, 읽어 보라고 건네만 줘도 좋습니다.

오영리(五靈理)
전도지

2. 자유의 의지

방금 하나님께서 우리를 사랑하려고 만드셨다고 했는데요. 그 사랑이 하나님 혼자 하는 짝사랑이 아닌 진짜 사랑이 되기 위해서는 반드시 필요한 조건이 하나 있습니다.

그것은 창조된 사람이 인격과 마음을 가지고 하나님을 사랑할지, 사랑하지 않을지 스스로 선택하고 결정할 수 있는 존재가 되는 것입니다. 때문에 하나님은 우리와 진정한 사랑을 하기 위해서 우리를 만들 때부터 우리에게 마음대로 할 수 있는 자유(자유의지)를 주셨습니다.

우리가 다른 사람에게 감동하고 기뻐할 때는 상대방의 마음이 느껴질 때입니다. 마찬가지로 하나님도 우리가 하나님을 믿고 사랑하려고 할 때, 그 마음을 보고 감동하며 기뻐하십니다. 그것이 바로 하나님께서 원하시는 진짜 사랑이기 때문입니다.

1. 하나님의 사랑: 아래 성경 말씀들을 한번 읽어 주실래요?

태초에 하나님이 천지를 창조**하시니라. 창 1:1**

하나님이 자기 형상 곧 하나님의 형상대로 사람을 창조**하시되 남자와 여자를 창조하시고. 창 1:27**

사랑하는 자들아 하나님이 이같이 우리를 사랑하셨은 즉 **우리도 서로 사랑하는 것이 마땅하도다. 요일 4:11**

방금 읽은 말씀처럼 하나님은 천지와 사람을 만드시고, 특별히 사람을 사랑하려고 창조하셨습니다. 당연히 하나님은 당신도 사랑하십니다!

---

3. 원죄: 아래 말씀들을 읽어 주실래요?

선악을 알게 하는 나무의 열매는 먹지 말라 네가 먹는 날에는 반드시 **죽으리라 하시니라. 창 2:17**

동산 중앙에 있는 나무의 열매는 하나님의 말씀에 너희는 먹지도 말고 만지지도 말라 너희가 죽을까 하노라 **하셨느니라. 창 3:3**

뱀이 여자에게 이르되 너희가 결코 **죽지 아니하리라. 창 3:4**

처음 말씀은 하나님께서 하신 말씀입니다. '선악과' 들어 보셨죠? 하나님은 선악과를 먹으면 반드시 죽는다고 하셨습니다.

두 번째는 여자(하와)가 한 말입니다. "죽을까 하노라"는 죽을 수도 있고, 죽지 않을 수도 있다는 말이죠. 남자(아담)와 달리 여자(하와)는 하나님의 말씀을 잘 몰랐습니다.

그러자 뱀이 바로 결코 죽지 않는다고 여자를 속입니다.

이렇게 반드시 죽는다는 하나님의 말씀이 죽을까?를 거쳐 결코 죽지 않는다는 말로 180도 다른 말이 되었고, 하와는 마귀에게 속아서 선악과를 따먹었고, 아담도 결국 선악과를 먹고 말았습니다.

이처럼 하나님의 말씀을 어기고 선악과를 따 먹은 것을 인간의 근원적인 죄라 하여 원죄(原罪)라고 부르고, 이 원죄 때문에 모든 사람은 죄인이 되었다고 성경은 말씀하십니다.

기록된 바 의인은 없나니 하나도 없으며, 모든 사람이 죄를 범하였으매 **하나님의 영광에 이르지 못하더니. 롬 3:10, 23**

---

4. 십자가: 아래 말씀을 읽어주세요.

우리가 아직 죄인 되었을 때에 그리스도께서 우리를 위하여 죽으심으로 **하나님께서 우리에 대한 자기의** 사랑을 확증하셨느니라. 롬 5:8

앞서 하나님은 우리를 사랑하기 위해 만드셨다고 했습니다. 사랑하면 상대방처럼 되고 싶고, 상대방을 위해 자기 목숨도 버리게 됩니다. 그것이 사랑의 속성이기 때문입니다. 그러므로 우리를 사랑하신 예수님은 죄 때문에 죽어 지옥에 갈 수밖에 없는 우리를 불쌍히 여기사 우리를 위해 십자가에서 죽으심으로 우리를 향한 당신의 사랑을 확증하셨습니다.

사실 예수님께서 겪으신 십자가의 고난은 우리가 지옥에서 영원히 받았어야 하는 고통이었습니다.

혹시 당신은 다른 사람을 위해서 대신 죽어줄 수 있습니까? 아니면 당신을 위해서 죽어줄 사람이 있습니까? 예수님은 당신을 위해서 대신 십자가를 지고 죽으셨습니다. 이 얼마나 큰 은혜요, 갚을 수 없는 사랑인지 모르겠습니다.

"나는 법 없이 살 정도로 깨끗하게 살았는데 내가 천국에 못 가면 누가 천국에 가느냐?"라고 말씀하는 분들이 종종 계십니다. 하지만 인간에게는 두 가지 죄가 있습니다. 하나는 인간으로 태어난 이상 누구나 가지고 있는 **원죄(原罪)**이고, 두 번째는 거짓말, 도둑질, 음란, 강도, 살인, 미움, 시기, 질투처럼 살면서 스스로 지은 **자범죄(自犯罪)**입니다.

자범죄를 전혀 짓지 않고 사는 사람이 있을까요? 불가능하겠지만 혹시 자범죄가 전혀 없는 사람이 있다고 해도, 인간으로 태어난 이상 원죄는 누구나 갖고 태어날 수밖에 없으므로 성경은 모든 사람이 죄인이고 죄가 있는 상태에서 죽으면 **지옥**에 갈 수밖에 없다고 말씀하시는 것입니다. 그러므로 내가 지옥에 갈 수밖에 없는 죄인인 것을 깨닫는 것이 구원을 받는 가장 중요한 첫걸음이 되는 것입니다.

예수께서 들으시고 그들에게 이르시되 건강한 자에게는 의사가 쓸 데 없고 병든 자에게라야 쓸 데 있느니라. 나는 의인을 부르러 온 것이 아니요 죄인을 부르러 왔노라 하시니라. 막 2:17

---

5. 영접: 아래 말씀을 한번 읽어 주실래요?

주 예수를 믿으라 그리하면 너와 네 집이 구원을 받으리라. 행 16:31

하나님이 세상을 이처럼 사랑하사 독생자를 주셨으니 이는 그를 믿는 자마다 멸망하지 않고 영생을 얻게 하려 하심이라. 요 3:16

하나님께서 우리에게 마음대로 선택할 수 있는 자유를 주셨으므로 위 말씀처럼 예수님께서 내 죄를 사했으니 이제 예수님을 믿으면 지옥이 아니라 천국에 간다는 복음을 듣고 믿는 사람도 있고, 반대로 믿지 않고 거절하는 사람도 있습니다.

하지만 우리가 마음을 열어 예수님을 영접하고 믿으면 하나님의 입장에서 이것은 짝사랑이 아닌 진짜 사랑이 되므로 매우 기뻐하시며, 천국에서 영원히 사는 '영생'(永生)을 선물로 주십니다.

영접과 관련된 아래 성경 말씀을 한 번 더 소리 내어 읽어 주실래요?

사람이 마음으로 믿어 의에 이르고 입으로 시인하여 구원에 이르느니라. 롬 10:10

마음으로 믿는다는 것은 아직 예수님께서 나를 구원해 주셨다는 사실이 100% 믿어지지 않더라도 내게 주신 자유(의지)로 한 번 믿어보겠다고 마음을 먹는 것입니다. 그리고 입으로 시인한다는 것은 입을 열어서 예수님을 나의 구원자로 고백하는 것입니다.

앞서 나눈 것처럼 하나님은 우리에게 마음대로 할 수 있는 자유를 주셔서 예수님을 믿도록 강요하지 않으십니다. 그러므로 마음을 여는 것과 입술로 고백하는 것은 당신이 먼저 해야 합니다.

이처럼 복음을 받아들이는 것은 머리로 다 이해되어서 믿는 것이 아니라 먼저 마음을 열어 믿기로 결단하는 것이 중요하며, 구원에 이르는 믿음은 마음을 여는 데서부터 시작됩니다.

이제 당신은 어떤 선택을 하시겠습니까? 저와 함께 말씀을 읽으면서 예수님을 영접할 마음이 생기셨나요? 그렇다면 아래 영접기도문을 따라 소리 내어 기도해 보겠습니다.

하나님! 저는 지금까지 당신을 떠나 방황하며 살아왔습니다. 지옥에 갈 수밖에 없는 이 죄인을 구원하기 위해 아들 예수님을 구원자로 보내 주셔서 감사합니다.
예수님! 십자가에서 피 흘려 죽기까지 저를 사랑하여 구원해 주시니 감사합니다.
성령님! 제 안에 오셔서 예수님께서 저를 구원하셨다는 사실을 가르쳐 주시니 감사합니다.
이제부터는 예수님을 제 구원자와 주(主)님으로 믿고 살겠습니다. 날 구원해 주신 예수님의 이름으로 기도합니다. 아멘.